培优计划

好词 好句
好开头 好结尾

聪颖图书编写组／编

朝華出版社
BLOSSOM PRESS

图书在版编目（CIP）数据

好词、好句、好开头、好结尾 / 聪颖图书编写组编．
北京：朝华出版社，2024. 6. -- ISBN 978-7-5054
-5395-1

Ⅰ. G624.243
中国国家版本馆 CIP 数据核字第 20249W71J2 号

好词、好句、好开头、好结尾

作　　者　聪颖图书编写组

选题策划　聪颖文化
责任编辑　张北鱼
责任印制　陆竞赢
装帧设计　宋双成

出版发行　朝华出版社
社　　址　北京市西城区百万庄大街 24 号　　**邮政编码**　100037
订购电话　（010）68996522
传　　真　（010）88415258（发行部）
联系版权　zhbq@cicg.org.cn
网　　址　http://zhcb.cicg.org.cn
印　　刷　天津鑫旭阳印刷有限公司
经　　销　全国新华书店
开　　本　710mm × 1000mm　1/16　　**字　　数**　143 千字
印　　张　11
版　　次　2024 年 6 月第 1 版　2024 年 6 月第 1 次印刷
装　　别　平
书　　号　ISBN 978-7-5054-5395-1
定　　价　39.80 元

目录

MuLu

第一章　写人篇

第二章　记事篇

目录

MuLu

第三章　写景篇

目录

MuLu

第四章　状物篇

第一章　写人篇

各行各业

同学

自我

家庭人物 ★★★★

自我

好词

外貌神态描写

标致　动人　俊朗　秀美　白皙　深邃

愁云　眉眼　慈眉　文静　可爱　羞红

杏眼　微翘　柔软　孱弱　漂亮　娇小

高挑　淡雅　亮晶晶　丹凤眼　水汪汪

骨碌碌　滴溜溜　弯月眉　柳叶眉　笑盈盈　瓜子脸　鹅蛋脸

穿戴一新　花枝招展　五颜六色　衣冠楚楚　唇无血色　耳聪目明

唇红齿白　面带稚气　樱桃小嘴　两颊绯红　尖嘴猴腮　目光炯炯

相貌堂堂　一表人才　一脸稚气　五官俊俏　两眉如峰　眉弓如月

眉目如画　酒窝迷人

心理神态描写

诚恳　尴尬　专注　沉静　惊慌　傲慢　恳切　诚挚　沮丧　腼腆

疲惫　诧异　悠闲

乐滋滋　兴冲冲　羞答答　笑吟吟　喜滋滋　乐融融　笑呵呵　甜蜜蜜

气冲冲　怒冲冲　急切切　急吼吼

没精打采　神采奕奕　忧心忡忡　眉开眼笑　嬉皮笑脸　怒目而视

挤眉弄眼　不屑一顾　眉目传神　眉飞色舞　愁眉苦脸　喜上眉梢

愁眉不展　面红耳赤　不以为然

性格心理描写

文静　阳光　羞怯　羞涩　大方　风趣　活泼　滑稽　积极　消极

自卑　幽默　坚毅　顽皮　失望　恐惧　慌乱　激动　欣喜　欢畅

懊恼　惭愧　悲愤　沉着　镇定　愧疚

勤勉耐心　活泼好动　乐天达观　小心谨慎　多愁善感　少言寡语

胆小怕事　慢条斯理　快言快语　自信开朗

语言动作描写

嘲笑　顶嘴　搭话　讥讽　狡辩　贫嘴　调侃　悦耳　刺耳　清脆

奔跑　打闹　打量　哭诉　撇嘴　寻觅　劝解

叽叽喳喳　津津乐道　出口成章　对答如流

冷言冷语　吞吞吐吐　一言不发　唉声叹气

交头接耳　谎话连篇　轻手轻脚　抓耳挠腮

昂首挺胸　蹑手蹑脚　匆匆忙忙　牙牙学语

你追我赶　滔滔不绝　蹦蹦跳跳　翻箱倒柜

躲躲闪闪　连滚带爬　摩拳擦掌　狼吞虎咽

摇身一变　捧腹大笑　拉拉扯扯　手疾眼快　笨手笨脚　东张西望

目不转睛　振振有词

好句

外貌描写

☆ 我有一张稚气的瓜子脸，平坦的前额，红润的双颊，黑黑的眉毛，你瞧，我像不像童话里的白雪公主？

☆ 我白里透红的脸蛋儿，真像一个熟透了的水蜜桃。

☆ 姥姥说我长着一对招风耳，就像吊壶的两个把手。

☆ 一张圆圆的小脸蛋像个红扑扑的苹果，两道月亮般的眉毛下嵌着一双炯炯有神的眼睛。每当心烦气躁时，那张小嘴巴就会噘起来，上面仿佛还能挂一个油瓶呢！

☆ 每当照镜子时，我就会对镜子里的那张胖乎乎的圆脸多几分不满，继而对老爸抱怨道："老爸，您看，都是您啦！就是跟您长得太像，脸才会像大饼一样！您说，我以后怎么办？"

☆ 我个儿不高，瘦瘦的，像一根弱不禁风的豆芽菜。

☆ 你瞧，无论是"海拔"还是体重，我都有一定的优势，长得更是仪表堂堂：胖乎乎的脸；浓浓的剑眉下，一双炯炯有神的大眼睛闪烁着智慧的光；高挺的鼻子下面，长着一张方正的嘴巴。

☆ 我的头发乌黑发亮，像黑色的瀑布倾泻而下，流露出一种朴实而又自然的魅力。

☆ 我个子不高，瘦瘦的，有一头黑黑的短发，小脸蛋红扑扑的，眼睛、鼻子和嘴巴都不大。

☆ 我是一个男子汉，在镜子前叉腰一站，野气中带点清秀。你看，我的眉毛又浓又粗，就像抹了两道墨汁；眼睛又大又亮；一对招风耳让我的听觉更是灵敏了几分；圆圆的脸被太阳晒得紫红发亮。

☆ 这鲜艳的红色让人眼前一亮！邻居家的小伙伴们都穿灰黑色外套，哪像我这么时尚啊！

☆ 我，天生就是一副假小子的模样。尽管妈妈给我买了许多条裙子，可我从不喜欢穿，总爱穿一件西装搭配紧身短裤，或是穿一套大翻领上滚着白道道的蓝色运动服，再戴上一顶运动帽。嘿，可神气呢！

心理描写

☆ 我的心突然颤抖起来了，像无数只拳头在捶击我的胸口。我羞愧得无地自容。

☆ 您走后，我的心中充满了语言难以形容的痛苦，就像一块大石头压着我，使我透不过气来。

☆ 啊，这么高！可把我吓坏了，我的心怦怦直跳，似乎已到了喉咙眼。

☆ 真是个狼心狗肺的家伙！怨恨在我心中滋生着，真是气恨难忍。

☆ 一股思念之情像潮水一样在我的心中翻腾。

☆ 我不想做一只只会依附在妈妈身边的小鸭子，我要做一只雄鹰。小鸭子只会“嘎嘎”抱怨，而雄鹰却能展翅高飞。

☆ 我痴痴地站着，心里七上八下地翻滚折腾，五脏六腑都仿佛挪动了位置。

☆ 我的心很乱，像飞旋在风浪里的一片树叶，一会儿被抛到这儿，一会儿又被抛到那儿。

神态描写

☆ 过了几天，我又有两颗牙齿松动了，妈妈说："你要换牙了。"我听了之后变得愁眉苦脸的。

☆ 我的数学得了满分，老师直夸我有进步。我心里乐开了花，嘴咧得像石榴一样。

☆ 这次英语测验我得了 100 分，我抑制不住内心的喜悦，像小鸟一样飞进了家门。

性格描写

☆ 我妈妈说我是"傻大胆"，的确，我从小到大就是一副天不怕地不怕的性格。

☆ 我是个爱幻想的女孩。有时，我会坐在床上，或躺在床上，想些古怪的事情。

☆ 我是天生的乐天派，整天无忧无虑、快快乐乐的，就算是忧愁想找我，也都被我那乐天的名字打得落花流水了。

☆ 我特别爱笑，是一个乐观主义者。无论是一个搞笑的动作、一个滑稽的表演，还是一个有趣的故事，都可以诱发我的“笑虫”，使我乐呵呵的。我想，生活充满了阳光，为何不多笑笑呢？毕竟“笑一笑，十年少”嘛！

语言描写

☆ “妈妈，您什么时候才能回来啊？”我带着哭腔在电话里大声对妈妈说。

☆ 我顾不了那么多，指了一下他的桌子，怒气冲冲地说：“好你个自私鬼，今天竟惹到我头上来了。”

☆ “劲儿不要使在嘴皮子上，要使在肩膀上。走，干活去！”我大声喝住了她。

☆ 我鼻子一酸，哇哇大哭了起来，一边哭还一边喊：“妈妈，妈妈，我好害怕，您快过来陪我，呜……”

动作描写

☆ 我用牙齿咬、用手拔，总算啃掉了半个鱼头，但一点儿鱼肉都没吃到。

☆ 我找来一块布，沿边剪了一个口子，一手抓住一边，用力一撕，刺的一声撕开了。

☆ 我从起跳线上一跃而起，一瞬间，我舒展了身体，越过 1.25 米的高度。

☆ 我用小水桶当作雪人的帽子，把胡萝卜插在雪人头的中间当作鼻子，还放了两个乒乓球在雪人鼻子上方当作它的眼睛。

☆ 我屈腿，然后并膝，上身前倾，两支雪杖稍一用力，便不由自主地滑了下去。

☆ 我真可怜，被挤到后面，于是我奋力冲出人群，往教学楼跑去。

☆ 我鼓足勇气，一个箭步冲上了讲台，翻开书本，随即深吸一口气。

☆ 我顿时来了劲，眼珠一转，一跃从草地上跳起，迅速地拾起卷线轴，和鱼进行着拉锯战。

☆ 我弓着腰，抿着嘴，瞪大了眼睛，蹑手蹑脚地朝着那只停在花瓣上的蝴蝶走去。

好段

★ 我叫林烨，今年 11 岁，小名叫小林。我长着小小的眼睛、高高的鼻子、樱桃似的嘴巴。你们可不要小看这嘴巴哟！它可厉害呢！如果谁敢说我，我就用嘴巴对付他，直到把他说得哑口无言。

★ 第一张相片就是“我”，来到人间才一百天。胖乎乎的脑袋上稀稀疏疏的头发像刚出土的幼苗；小圆脸蛋儿，像熟透的苹果；一张小嘴张着，舌头微微卷起，好像在唱歌；微笑的脸部肌肉把眼睛挤成两道弯弯的曲线，像晶莹的月牙；眼睛注视着一旁，甜甜地看着这美丽的世界。

★ 啊，那是我吗？笔挺的西装，洁白的衬衫，紫红的领带，还有一枚仙鹤胸针，多么和谐！我已变成了一个帅气、风华正茂、充满自信的小伙子了！高高的个子，天然卷曲的头发，挺直的鼻梁，感情丰富的双目，高傲的嘴角，唇边还长出淡淡的短须。这真的是我吗？仿佛过了很长时间，我才回过神来，是的，这就是我！

★ 我有一双普通的手。手掌有点儿厚，软绵绵的，上面横竖交错着几条弯弯曲曲的手纹。指头有长有短，有粗有细，手伸直的时候指头稍微有点弯，像一把拉不开的弓。白嫩的手指头肚儿凸了出来，指头尖尖的，上面深深地嵌着粉红色的指甲。

好开头

◎ 我这个人胆子小，又怕孤单，所以常做妈妈的“尾巴”。

◎ 我是个女孩子，可初次见到我的人，都说我是男孩子，真让人尴尬。

◎ 我常常会问自己：我是谁？有时我会用旁人的眼光悄悄地来观察一下自己，想看看自己是个怎样的人。

◎ 豆腐，软弱也；西施，美丽也。“豆腐西施”，何物哉？勿急勿急，让我来解释一下。我家就有一位现成的“豆腐西施”——Who？本人也。

◎ 小时候的我特皮。每次到外婆家做客，那里的左邻右舍总会说：“看，小捣蛋来了。”确实，那时发生了许多趣事，现在想起来，也觉得挺好笑的。

◎ “小白菜！”同班同学徐宁冲着我叫道，好像我就是“小白菜”似的。

我刚想回击，又听到第二声“小白菜”——我的绰号早被锁定了，就是“小白菜”。原因很简单，因为我姓蔡。

好结尾

* 一个多笔画的“我”向大家展示了一个性格多面的、真实的我，真感谢中国字特别的构造和特殊的内涵！

* 同学们，你们猜，这个又滑稽又调皮又可爱又聪明的小朋友是谁？老实告诉你们吧，就是我呀！

* 这就是她，一个天真活泼的小女孩儿。如果你愿意帮我保密的话，我就告诉你，这个“她”就是我！

* 我就是这样野，改也改不了，不过我也不想改，因为我就是喜欢自己的这种野性。

* 那个人和我长得一模一样，他总在镜子中出现。说白了，他这小子肚子里的“货”还真不少，二十年后坐上联合国“主席”交椅的人估计非他莫属。

父 母

好词

外貌神态描写

冷峻 蚕眉 浓眉 英俊 深邃 坚实

俊俏 宽大 富态 瘦弱 丰满 凌乱

蓬松 黝黑 粗硬 厚实 苍白 粗壮

单薄 健壮 魁梧 笔挺 飘逸 红润

结实 挺直 端庄 粗犷 清秀 白净

瘦削 粗糙 干净 整洁 敦实 强健

健硕 杏儿眼 国字脸 络腮胡

眉目清秀 乌黑发亮 身材高大 西装革履 高大挺秀 轮廓分明

横眉立目 秀眉弯弯 虎背熊腰 肩宽臂长 五大三粗 膀大腰圆

端庄秀丽 相貌平平 清澈明亮 不修边幅 鼻直口方 目光深邃

大腹便便 肩宽体壮 魁梧英俊 气宇轩昂 人高马大

性格心理描写

淳朴 随和 沉稳 刚强 懒散 细致 温柔 温和 暴躁 刚直

豁达 激动 欣慰 坦然 惊讶 懊恼 羞愧 憎恶 恼火 悲哀

抑郁 畅快 痛心 酸楚 沉痛 怒火 苦恼

热心肠 刀子嘴 急性子 老好人

风趣幽默　不苟言笑　心直口快　大大咧咧　知足常乐　通情达理
热情豪爽　坚韧不屈　直截了当　热情好客　粗枝大叶　乐观豁达
勇于担当　眉飞色舞　落落大方　长吁短叹　勃然大怒　笑容可掬
心急火燎　愁眉不展　风度翩翩　神态自若　暗淡无光　从容不迫

语言动作描写

叮嘱　开导　规劝　啰唆　絮叨　端详　踱步　蹲身　抚摸
急匆匆　慢吞吞
嘘寒问暖　河东狮吼　笨嘴拙舌　风尘仆仆　款款而至　健步如飞
昂首阔步　踉踉跄跄

好句

外貌描写

☆ 爸爸的胡子又粗又硬，像刺猬身上的刺，又像刷子上的毛，扎在我的脸上又痒又疼。

☆ 爸爸矮胖矮胖的，像一个圆球，下巴上的肉往下垂着，使人担心这肉随时会掉下来。

☆ 爸爸身材魁梧，挺着啤酒肚，颇有绅士风度。

☆ 我的爸爸长了一张棱角分明的脸，一头乌黑发亮的头发，身高足有1.75米，挺拔而魁梧，走起路来脚下生风。他那坚实而宽阔的肩膀，似乎能挑起千斤重担。

心理描写

☆ 妈妈以为工作的事是十拿九稳了，可希望突然像肥皂泡一样破灭了，她顿时怅然若失，黯然神伤了。

☆ 爸爸的脸色变了，他的心像被无数根针在刺，他的头像被剧烈地摇了几百圈，只觉得天旋地转。

☆ 妈妈心花怒放，像小孩儿穿新衣、戴新帽、过新年一样快乐！

神态描写

☆ 爸爸那叫一个神气呀，活像半路捡了块宝石，乐得嘴都合不拢了，八字胡一抖一抖的，很得意。

☆ 妈妈脸色苍白，毫无表情，呆呆地站在那里，看得我惶恐不安。

☆ 一句句赞扬妈妈的话传到了妈妈的耳朵里，妈妈羞红了脸庞，赶紧拉着我挤出了人群。

☆ 妈妈有一个能变形的脸：什么事使她生气了，脸就会立刻拉长；听到高兴的事，脸就变圆了，眼睛笑得眯成一条线。

性格描写

☆ 爸爸是个直性子，袖子里藏通条——不打弯儿。

☆ 爸爸一辈子老实巴交的，跟人翻了脸，到急眼的时候，只会脸红脖子粗，却说不出一句有分量的话来。

☆ 爸爸这个人既有打铁之粗，又有绣花之细，硬起来像金刚钻，软起来像老妈妈。

语言描写

☆ 谁知刚从外面回来的爸爸一下就将频道换了，说：“乖孩子，快让开，爸要看比赛！”

☆ “看你全身都湿了，这样会感冒的，谁让你凑这个热闹的！”爸爸心疼地责怪我。

☆ 听！妈妈的唠叨又来了：“桌子怎么这么乱，像猪窝一样，都没法看了，看你什么时候能学会自己整理东西。”

☆ “瞧，妈妈漂亮吗？”妈妈一边在我面前转着圈，一边笑眯眯地问。

☆ 妈妈的唠叨就像雷公的大鼓，每敲一下就击在我的心里：“课文有没有背啊？”“这道应用题会不会做啊？”“英语单词会不会默写啊？”……

☆ 爸爸露出着急的神情，一边来回踱步，一边自言自语地说：“要是完不成任务，怎么办呢？”

☆ “啥——”妈妈拉长了音，“为啥？你好不容易才有一个想法，妈无论如何都要帮你实现！咱到两元店去找，北街有一个，南街还有一个，都是很大的两元超市，我就不信找不到！”

☆ “休得抵赖，请你欣赏音乐！”爸爸边说边拿起录音机来，把开关一按，只听“呼噜——呼噜——”。

☆ 妈妈柔声细语地说：“天鹅能飞得很高很远，靠的是矫健有力的翅膀。你要想远航，得有知识啊！”

动作描写

☆ 妈妈步子碎，走得快，像陀螺一样在厨房里打转。

☆ 妈妈的身体一弓一弓的，汗珠顺着脸颊淌下来，她不时地把头发向上拢一拢，头发就沾上了白白的肥皂泡。

☆ 妈妈来了，她连忙用清水帮爸爸把伤口的血洗干净，吹干，贴上创可贴。

☆ 爸爸放下手机，脸都来不及洗，就打开电脑专心致志地看起来，时而点头，时而眉头紧蹙。

☆ 父亲的眉头皱成了一个大疙瘩，他举起手，揪起那绺头发，慢慢地用手指卷起，又慢慢松开，用手把那绺弯曲的头发捋直。

☆ 只见爸爸一手抓起一个馒头，使劲往嘴里塞，那两个腮帮子鼓得活像含着两颗乒乓球。

☆ 昨晚下雪了，今天一大早妈妈就起来扫雪了。只见她双手紧紧握着扫把，熟练地挥动着手臂，一步一步地往前扫。

☆ 爸爸愣住了，香烟顺着手下坠，直直地落在了地上，那火一会儿就灭了。

☆ 妈妈从屋里走出来，手在围裙上揩了两下，笑盈盈地接过我的书包。

好段

★ 爸爸中等身材，身体有点发胖。他长着浓密的络腮胡子，每当抱我时，都会把我的脸蛋扎疼。他的头顶很有特点，周边乌黑的头发中掺杂着几根白发，中间的一片头发快掉光了，只剩下几根。因此，妈妈就管他叫“秃毛”。

★ 我的妈妈是一位普通的农村妇女。她41岁，乌黑的头发，黑里透红的脸庞，一双微黑而结实的手。爸爸长年在外打工，就靠妈妈这双勤快的手料理着我们这个家。

★ 我妈妈今年34岁，虽然不是很年轻，可谁见了她都说她像洋娃娃。可不是嘛，又嫩又白的脸庞，月牙般的眉毛下面镶嵌着水晶般的眼睛，高高的鼻子下面有一张樱桃小嘴，乌黑乌黑的披肩发使她显得更加美丽。

★ 听了这句话，妈妈笑起来了，眉毛像弯弯的月牙，眼睛像闪烁的星星，两颊像绯红的云彩，就连眼角的皱纹都像盛开的菊花。妈妈笑着笑着，笑弯了腰，两颗晶莹的泪珠从眼眶中挤了出来。

★ 我妈妈的眼睛长得水汪汪的，高挺的鼻梁下长着一张樱桃小嘴。因为她很爱唠叨，所以我从五岁起就和“知道了”这三个字结下了不解之缘。“书包收拾好了吗？”瞧，妈妈又唠叨开了，我刚想说“知道了”，突然发现好像有什么本子落在房间的桌子上了，我连忙跑过去一看，原来我的数学书落在那儿了。看来我没有“唠叨国王后”的唠叨还真不行啊！

好开头

◎ 我的爸爸是工厂的车间主任，他既要管车间的生产，也要管工人们的生活，整天忙忙碌碌。时间长了，他的名字似乎被人们忘了，工人们都把他叫作“大忙人”。

◎ 爸爸今年三十开外，瘦削的面庞，弯弯的眉毛下嵌着一双有神的眼睛。他生活朴素，穿戴整洁，工作中精明能干。他负责的部门，多次被县里评为先进部门。今年他还被评为地区优秀工商所所长。

◎ 我的爸爸是位普通工人，他的脸有些发红，眼睛布满了血丝，可能是他平时爱喝酒造成的吧。

◎ 爸爸今年三十九岁，浓眉下一对大眼睛炯炯有神。爸爸很有个性，做事一丝不苟，非常认真，无论干什么事，都让你无可挑剔。我们家里的疑难问题只要一经爸爸处理，准会迎刃而解。不过，他的动作有点慢，为这，妈妈不知说过他多少次，可他却总当耳边风。

◎ 我的爸爸，细高的个儿，对谁都那么和蔼真诚，可是对我，却总是那么“狡猾”。说他狡猾，也是有原因的。这不，我又让他“骗”了一次。

◎ 爸爸是个吃饭高手。一说起吃，他可就来精神了。

◎ “周三戒”何许人也？他就是我爸。我给老爸起这个外号，是希望他戒掉三样坏毛病。

◎ 我的爸爸爱好很多，其中他热情最高的就数写毛笔字了。说心里话，他写的字真让人不敢恭维，但是，他却总喜欢在我面前炫耀自己的字。

◎ 我家有一个“神探”，不是福尔摩斯，也不是江户川柯南，而是我的老妈。

◎ 妈妈属鼠，说起她的特点，简直跟老鼠一样。我觉得用“贼眉鼠眼”“鼠目寸光”“胆小如鼠”这些成语来形容老妈真是再合适不过了。

◎ “小左儿子，大左爸爸，一对好朋友，快乐父子俩。大手牵小手，走路不怕滑；大手牵小手，什么都不怕……”这是我和爸爸“窜改”的每天必唱的歌曲。听了这首歌，你是否觉得我们像动画片里的那对父子？

◎ 每个人都有自己的爸爸。也许你的爸爸是个大富商，也许你的爸爸是个经理或书记，而我的爸爸是个地地道道的农民。我并未因此感到遗憾，倒为此自豪。当农民有什么不好？有谁吃的粮食不是农民种的？

好结尾

* 哈，这下你可知道我的三个妈妈是怎么回事了吧！

* 我想对妈妈说：“妈妈，您的勤劳使我拥有幸福的家，您的关爱使我

快乐成长。我爱您，亲爱的妈妈！”

* 这就是我的爸爸，一个爱犯糊涂的爸爸。每当我扑进爸爸的怀里时，就感到无比的温暖。

* 妈妈的背是摇篮，妈妈的背是避风的港湾。在妈妈并不厚实的脊背上，我一天天长大，长成一个让妈妈骄傲、让老师满意的好孩子。

* 父亲突然意识到，动情的眼睛才是最美的，这不正是他要画的眼睛吗？他连忙赶回家，在画上添上了那双眼睛，整幅画也似乎亮了许多……

* 爸爸允许我和小弟、小妹一块儿做游戏，有时，我还会充当他们的老师，教他们画画、唱歌。每当这时，我就好像忘记了苦恼，好像又回到童年时代。当我的作文频繁上报，当我期期被评为三好学生时，我能不感谢爸爸吗？

* 我有一个好爸爸，我也要做一个好孩子。爸爸爱我，我也爱爸爸。

* 我的爸爸真可算是“万能爸爸”，我真为他骄傲，他是我最最喜欢的人。

* 我无可奈何地看了看爸爸，他却一边理着牌，一边对我说：“怎么样，没赢我吧！”说完后，他竟站起来拍拍屁股，一摇一摆地走了。

* 爸爸就是这样一个可爱的“老小孩”。

* 你们谁见过这号爸爸？我真倒霉，摊上这么个气人的爸爸！

祖 辈

好词

外貌神态描写

发福 鹤发 皓首 弓背 华发 银丝

斑白 银发 秃顶 皱纹 银鬓 和蔼

粗糙 寿眉 干裂 枯瘦 混浊 年迈

苍白 花白 古稀 虚弱 孱弱 憔悴

呆滞 沙哑 硬朗 慈祥 安然 安详

忧郁 坦然 热情 老花眼 老人斑

山羊胡 笑眯眯 乐陶陶

白发如雪 白发苍苍 年近古稀 雪鬓霜鬟 两鬓苍苍 老眼昏花

饱经风霜 长眉似雪 面容清瘦 年老体衰 老态龙钟 驼背弯腰

松身鹤骨 稀稀疏疏 慈眉善目 身板硬朗 须发斑白 瘦骨嶙峋

精神矍铄 老当益壮 年逾花甲 和颜悦色 喜气洋洋 一本正经

神采奕奕 心旷神怡 忧心忡忡 知足常乐 眉开眼笑 精神焕发

性格心理描写

率直 正直 热忱 淳朴 风趣 小气 大方 开朗 憨厚 操心

热心 谦逊 和蔼 敦厚 喜悦 欣慰 激动 思念 保守 开明

言语谦和 婆婆妈妈 沉默寡言 不苟言笑 老谋深算 说一不二

絮絮叨叨 悠然自得

语言动作描写

洪亮　关切　沙哑　温和　诚挚　耐心　劝说　抚摩　蹒跚　趔趄

伫立　照顾

颤巍巍　踱方步　慢悠悠　眯眼睛

谈古论今　谈天说地　高谈阔论　声如洪钟　粗声大嗓　说三道四

语重心长　一瘸一拐　一颠一跛　步履稳健　步履蹒跚

好句

外貌描写

☆ 奶奶爱笑，一笑就合不拢嘴，这时，你可以看见她嘴里只剩下几个“卫兵”——门牙。

☆ 爷爷的牙齿就像掉了齿的梳子，残缺不全。

☆ 姥爷的手，有小蒲扇那么大，每一根指头都粗得好像弯不过来了，皮肤皱巴巴的，像树皮一样。

☆ 我爷爷年过七旬，微微有点驼背，总是带着微笑，精神焕发。

☆ 外公身材干瘦，背微微有点驼，手上长满老茧，手背上的青筋像一条条蚯蚓。

☆ 外婆的手上布满皱纹，是那么苍老，一根根青筋凸起，长满老茧的手上还有一些小而圆的坑。

☆ 爷爷有着一张国字脸，一双炯炯有神的大眼睛嵌在上面，有种不可侵犯的权威感。

☆ 爷爷的岁数大了，连眉毛都白了，就像老神仙一样。

☆ 姥爷蓄着两撮短而硬的八字胡，一双棕褐色的眼珠深陷在眼窝里，头发灰白稀疏。

☆ 爷爷的胡子长得真快！它们像喝了催长剂一样，没几天工夫就偷偷钻出了“地平线”，成了爷爷脸上的“独特风景”。

☆ 他头上裹着白毛巾，身上披着老羊皮袄，腰上还别着一个烟袋，活像神话里的老仙翁。

☆ 他那银白色的头发，使人联想到披着白雪的劲松，这是他历尽风霜、饱尝艰辛的见证。

☆ 爷爷已经有85岁高龄了，但是他神采奕奕，比谁都精神，一双大大的眼睛可有神了，一头雪白的头发像结了一层秋霜，真是鹤发童颜。

☆ 我的奶奶一头银灰色的头发总是梳得整整齐齐，额上布满了一道道深深的皱纹，总是佝偻着的背，似乎是挺不起来了。

☆ 爷爷六十多岁了。他两鬓斑白，头顶中间光秃秃的，像个小球场，周围是稀稀的头发，脸圆圆的，整天笑眯眯的，肚子挺得很高，活像个弥勒佛。

心理描写

☆ 姥姥心里像烧开了一锅水，咕嘟咕嘟直翻水花。

☆ 顿时，奶奶头上冒火，七窍生烟，拎着锅举着铲就朝我跑来。

☆ 奶奶心想：乖孙子这么听话，我可得想个好办法奖励他一下。

☆ 奶奶明白后，焦急而又无奈地坐在那里，嘴巴张了几次却都没发出声音。

神态描写

☆ 今天是奶奶的祭日，我看到爷爷一声不响地坐在小屋里，静静地看着奶奶的相片。

☆ 爷爷的腿像绑了沙袋一样，行走起来缓慢而又沉重，脸上透出了离别前的忧伤。

☆ 太姥爷生气了，他的神情变得严肃起来，音量也拔高了。

☆ 爷爷低头一看，摇了摇头，不好意思地笑了。

☆ 外婆惊恐不安地看着外公，嘴里就像含了一串冰糖葫芦，呜呜啦啦了半天也没说出什么话来。

☆ 奶奶抚着我的头发笑着，那布满皱纹的脸像一朵盛开的菊花，眼里闪着一种我从未见过的神采。

性格描写

☆ 爷爷很爱干净，不论春夏秋冬，都穿着白衬衫，裤线熨得笔直，皮鞋擦得亮亮的。

☆ 外公是个热心肠的老人，他种杨梅，还想让全村的父老乡亲尝到杨梅。所以，一到杨梅成熟的季节，只要行人路过，外公都会摘一些给他们尝鲜。

☆ 姥姥属羊，她就像一只温柔的老绵羊，却有老黄牛那种不知疲劳的精神。

☆ 姥姥什么都好，就是太“抠”了点，买的东西都是最便宜的。

☆ 爷爷是个幽默的人，他经常抓住弟弟的小脚丫，风趣地说：“你好，你好。握手，握手。”

☆ 奶奶就是这样，表面看起来冷冰冰的，其实她既善良又勤劳，就像个热水瓶，虽然外壳凉，但内心永远热乎乎的。

☆ 我的奶奶是个老顽童，无论她的外貌还是她的内心，都十分年轻。

语言描写

☆ 爷爷是家里的“开心果”，他总是一边干活，一边“咚锵咚锵”地唱京戏，气得奶奶说他是“老不正经”。

☆ “哎哟哟，小孩子家，哪来那么多小心眼！大家都是街坊邻居，抬头不见低头见的。”奶奶笑着劝道。

☆ 奶奶骂得最多的就是“疯妮子，再不管就上房揭瓦了”。

☆ “没……没什么。”爷爷慌张地从床底下钻出来，“我正在找老鼠呢！”

☆ “嘿，乖孙子，你瞧，把他美的！幸亏不是中央电视台的《百家讲坛》邀请他，否则他就分不清东西南北了。”奶奶笑着对我说。

☆ 外公一手提着为我准备的花伞与饮料，一手摇着折扇笑眯眯地向我招手，嘴巴里还是那句熟悉的话：“学得认真吗？渴了吧，冰过的绿豆汤，喝吧。”

☆ 外公着急地说：“小孩子上什么船！万一跌到河里，那可不是好玩的事呀。”

☆ 爷爷抬起头说：“孙子啊！爷爷的耳朵60多岁了，它听说公家人60岁就可以退休了，可我还叫它继续上班，它心里觉得委屈呢！有时它一来气就会罢工，我实在拿它没办法。”

☆ 有一次，我吃饭时不小心掉了几粒米饭，奶奶见了，立刻拉下了脸，生气地对我说：“你多大啦，还掉饭？下巴漏了呀？”

动作描写

☆ 奶奶喜欢吃鱼头。她常眯缝着眼，用筷子夹起鱼头，津津有味地嚼着，不时地吐出骨头。

☆ 外公总喜欢让我坐在他的腿上，用他那双长满皱纹的粗糙的手抚摩我的头，眯着眼看着我。

☆ 姥爷赤着脚，挽着裤脚，憋足了劲儿，两脚用力一蹬，三轮车果然从水坑里爬上来了。

☆ 只见她跑上前，一把抓住李大哥的手，不由分说就往屋里拉。到了屋里，奶奶又是递烟，又是倒茶，热情得不得了。

☆ 爷爷更逗，仰着头，把西瓜举得老高，像吹口琴似的拼命吸着，生怕掉一滴瓜汁。

☆ 只见外婆扭动着腰肢，手一会儿上、一会儿下，变换出各种动作，敲出悦耳动听的鼓声。

☆ 爷爷将笔蘸满了墨，顺势从纸的一端着笔，然后往后拉。他的笔时高时低，有轻有重，不一会儿一座连绵起伏的大山就出现在我的面前了。

☆ 奶奶站起来，双手抓着锅盖向上揭，吃力地揭了几次，才稍稍揭开一条缝。一股浓烟从灶口冲出来，差点熏着奶奶的脸。奶奶随便用袖子拂了拂布满皱纹的脸，又摇摇头，自言自语地说："老了，不中用了！"

☆ 晚上，奶奶打开电视机，找了一个最佳的位置坐下来，一边吃饭，一边津津有味地看起来。

☆ 等妈妈一上班，奶奶就忙活起来，不但把衣服洗得干干净净，而且还把衣服破了的地方补得平平整整，一双手怎么也闲不住。

好段

★ 爷爷只比"武大郎"稍高些，小脑袋、小鼻子、小嘴、小耳朵，尤其是那双明亮的小眼睛，一眨就想出一个点子，给人一种干练、机警的感觉。爷爷有句口头禅——有数，所以人们都叫他"有数"小爷爷。

★ 白发苍苍的奶奶拄着拐杖，脸上笑得像一朵绽开的菊花。她眯起眼睛，翻来覆去地看着玉云姐那张录取通知书，好像手里捧着的不是录取通知书，而是一件稀罕的宝物。

★ 尽管奶奶没太多文化，但奶奶那些脱口而出的良言却一直伴随着我成长。奶奶总是教育我：“补漏趁天晴，读书趁年轻”“不懂装懂，永世饭桶”“不怕别人瞧不起，就怕自己不争气”“吃得苦中苦，方为人上人”……奶奶哪里来的那么多道理，简直快成为一个语言艺术家了。现在我在学校住宿，只要想起奶奶，想起奶奶的那些话，学习就不敢松懈了。有时我取得好成绩后有些飘飘然，乐颠颠地将喜讯告知奶奶，正自我陶醉时，奶奶冷不丁就向我泼来一瓢冷水——“痒要自己抓，好要别人夸。”我知道奶奶是怕我骄傲，告诫我不要得意忘形。

★ 由于多年的操劳，爷爷的手背粗糙得像老松树皮，手心上磨出了几个厚厚的老茧。流水般的岁月无情地在他那绛紫色的脸上刻下了一道道深深的皱纹，他那原本乌黑乌黑的头发和山羊胡子也变成了灰白色，只有那双眼睛，尽管眼角布满了密密的皱纹，却依旧那么有神。

好开头

◎ 我胸前的口袋里，一直珍藏着一张照片，那就是已离开我们一年多的爷爷的遗像。

◎ 我的爷爷是个老石油工人。他从部队转业到大庆参加石油会战后，又转战胜利油田，最后来到辽河油田。他把青春献给了祖国的石油事业，现在，他已经白发苍苍了。

◎ 爷爷的颧骨很高，额上的皱纹很深，浓浓的眉毛下面一双眼睛炯炯有神。他的一双大手长满了老茧，那是他勤劳一生的见证。

◎ 当落日的余晖给大地镀上一层金光的时候，我家附近的公园就显得格外宁静。在这宁静的公园里，在这红绿相间的花丛中，一位略有点儿驼背的老人经常在这里走走停停、停停走走，时而掐枝弄叶，时而停在花前仔细观察。他，就是我的爷爷。

◎ 奶奶老了，要卖掉老家的房子，来北京和我们一起生活。从知道这件事起，我就天天缠着爸爸妈妈问："奶奶什么时候来啊？奶奶怎么还不来？"不知为什么，我觉得奶奶一定非常和善，一定会讲好多好多新鲜故事，尽管我只在两岁时见过一次奶奶，现在早不记得她的模样了。

◎ 我家有个"字疯子"，你猜他是谁？你肯定猜不着！你把耳朵伸过来，我悄悄地告诉你：他呀，是我姥爷。

◎ 我姥爷离休以后就想：在家里干点什么呢？想呀，想呀，写字吧！姥爷想当个书法家呢！

好结尾

* 爷爷为了公众的事，几次连心都要掏出来了，可是我以前一直没听到大伙谈论过他。直到去年冬天，爷爷去世了，我才一连几次听到大人们议论他在世时做过的那些对人有益的事。这是为什么呢？噢，原来这就叫“盖棺论定”吧！我想：要是先前有谁能把这条成语改为“晚年论定”，让爷爷在有生之年能听到别人对他的评价该多好呀！

* 忘不了您——爷爷。您是坐在藤椅上去世的，身边还停着您的手推车。爷爷，您一直活在我的心中。

* 元旦快到了，爷爷非走不可，他说：“单位里还有好多事要我亲自去做，不然有些同志不了解情况。”一天我放学回家，不见了爷爷，大房间、小房间都没有，就问妈妈：“爷爷到哪儿去了？”妈妈说：“走了。”我心里难受极了。他是我的好爷爷，我真舍不得他走。

* 我起初一愣，立刻就恍然大悟：是啊！爷爷是那么爱大自然的花，但他更爱祖国的“花朵”——我们新的一代。

* 我的奶奶对我的疼爱，是说不完的。她用辛勤的劳动和慈爱的心，赢得了子孙们对她的爱戴。我常常想，在我们祖国的土地上，千千万万个家庭中，一定会有许多像我奶奶这样的老人。她们为什么这样终日劳作、疼爱儿孙呢？难道不正是希望她们的后代勤劳俭朴，发奋学习、工作，去创造新的生活吗？

兄弟姐妹

好词

外貌神态描写

弯眉　丰腴　清甜　挺拔　清澈　水灵

英俊　秀丽　清秀　时髦　斯文　茁壮

俊俏　整齐　敦实　端庄　灵秀　秀气

瘦削　红润　清瘦　娇艳　文雅　白净

雪白　健壮　虎牙　匀称　笔挺　壮实

俊美　光滑　艳丽　丰润　前卫　柔软

新颖　洋气　标致　雅致　细嫩　乌黑　洁白　苍白　魁梧　酒窝

光洁　粗糙　纤细　文弱　光泽　润滑　白嫩　清纯　光润　娇小

蓬松　柔弱　油亮　帅气　黝黑　文静　惆怅　朝气　欢乐　陶醉

忧郁　羞涩　得意

大眼睛　大花脸　鹅蛋脸　粉嘟嘟　瓜子脸　红扑扑　小蛮腰　美滋滋

气呼呼　气鼓鼓　笑眯眯　眼睁睁　眼巴巴　胖乎乎　水汪汪　脏兮兮

圆滚滚　羊角辫　水灵灵　圆溜溜　骨碌碌　黑黝黝　小酒窝　苹果脸

娃娃脸　肉嘟嘟

眉清目秀　亭亭玉立　白白净净　虎头虎脑　炯炯有神　白里透红

细皮嫩肉　五官端正　土里土气　花里胡哨　衣冠楚楚　扬扬得意

理直气壮　满面春风　眉飞色舞　忐忑不安　愁眉苦脸　漫不经心
眉开眼笑　目瞪口呆　无精打采　心不在焉　满不在乎　笑靥如花
呆若木鸡

性格心理描写

耐心　谦虚　热情　机灵　温柔　实在　坚强　懂事　温顺　听话
活泼　天真　乖巧　调皮　狡猾　娇气　害羞　矜持　内疚　苦恼
悔悟　郁闷　幻想

闷闷不乐　心花怒放　心满意足　助人为乐　朴实无华　心直口快
直来直去　一本正经　老老实实　有错必改

语言动作描写

嘹亮　沙哑　嗫嚅　甜美　悦耳　支吾　清脆　嘟嘴　噘嘴　哈腰
翻身　聆听　抿嘴　敲打　爬行　搔头　捂嘴　吸吮　招手

左顾右盼　一步三摇　龇牙咧嘴
自言自语　怪声怪调　颠三倒四
张口结舌　语无伦次　牙牙学语
号啕大哭　结结巴巴　娇声娇气
伶牙俐齿　叽叽喳喳　喃喃自语
吞吞吐吐　童言无忌　念念有词
异口同声　奶声奶气　笨手笨脚
活蹦乱跳　跌跌撞撞　东摇西晃

欢呼雀跃　连蹦带跳　挤眉弄眼　手疾眼快　前仰后合　手忙脚乱
嘻嘻哈哈　四脚朝天　手舞足蹈　扬眉吐气　摇头晃脑

好句

外貌描写

☆ 表姐那对耳朵白白嫩嫩的，垂着两只光闪闪的金耳环，一摇一摇摇得非常引人注目。

☆ 弟弟的脸涨得红红的，手还一个劲儿地抓耳朵，身子也不停扭动着，显出十分忸怩的样子。

☆ 小妹那圆圆的脸蛋沐浴着霞光，两颊飘着两朵红云，好像一个红苹果，又像一朵含苞欲放的芍药。

☆ 弟弟的小脸就像熟透了的小苹果，圆圆的、胖胖的，两只胳膊像两段嫩藕，胖乎乎的。

☆ 在妹妹那黝黑的脸上，不论是那鼓鼓的腮帮，还是那薄薄的嘴唇，或者是那微微翘起的小鼻尖，都使你感到滑稽逗人。

☆ 要问我哥哥，唉，他可是一个地地道道的小胖子：圆溜溜的大脑袋，胖乎乎的可爱样儿，人见人爱。最讨人喜欢的是哥哥的手，软绵绵、肉乎乎的。

☆ 我最难忘的是我的哥哥，他眼睛大大的，鼻子小小的，双眼皮，小耳朵，虽然很调皮，但是很会照顾人。

☆ 新嫂嫂个头不算高，脸上白白净净的，一头直直的乌发，身穿一身蓝色套服，又文雅又大方。

☆ 妹妹圆圆的脸蛋泛着红光，就像田野上熟透的红高粱。

心理描写

☆ 语文课上，老师提了一个问题，妹妹犹豫不决，手一会儿举起，一会儿又放下了。

☆ 懊悔的感觉就像小虫子，一点点咬着哥哥的心，使得他全身都不自在。

☆ 听到那可怕的声音，弟弟猛地打了个冷战，寒意从脊椎骨的尾端一直爬到脖子上。

☆ 哥哥两眼发直，连连自语，又惊又怕，双腿也不听使唤地像筛糠似的乱颤起来。

☆ 弟弟身上一阵阵地起鸡皮疙瘩，好像自己办下了天大的亏心事，大家都在看他呢。

神态描写

☆ 小妹生气时，她那两条眉毛会往上翘，小嘴会嘟起来，惹人怜爱；她开心时，眼睛眯成一条缝，嘴里的三颗小白牙都能瞧见，可爱极了。

☆ 我偷眼一瞧，只见妹妹在暗笑，红红的嘴唇紧紧抿着，像在说："你吹不过我！"

☆ 妹妹乐开了花，小嘴像月亮一样弯弯地翘起来，笑了！

☆ 弟弟又惊又喜，眼睛像通了电的灯泡，一下子就亮了。

☆ 一见我来了，妹妹高兴得双眼眯成两条线，嘴巴翘成了一弯月牙儿。

☆ 妹妹听了我的话，不作声了。她盯着窗外的雨，似乎在想：看来太阳公公真的生病了，不然怎么会“哭”个不停呢？

☆ 姐姐心里喜滋滋的，像只鸽子似的不住地点头，仿佛在对大家说：“我还会继续努力的。”

☆ 爸爸同意了妹妹的要求，她顿时心花怒放，喜悦飞上眉梢，两只眼睛眯得像两弯小小的月牙儿。

☆ 姐姐脸色阴暗得像夏季乌云满布的天空一样，似乎随时都会落下泪来。

性格描写

☆ 姐姐担任校干部，因为她“爱管闲事”，长得又有点黑，所以同学们都叫她“黑猫警长”。

☆ 弟弟最喜欢搞恶作剧，如果他一个星期不整人，就手痒痒，脚痒痒，全身都痒痒。

☆ 弟弟浑身每个毛孔里都渗透着勇敢，就是天塌下来，他也敢顶着。

语言描写

☆ 妹妹盯着有黄色圆形果肉的果冻，过了好久才说出一句话：“姐姐，你看，太阳掉进我的果冻里了。”

☆ 弟弟最怕警察叔叔。他一调皮，我只要喊一声“警察叔叔来了”，他立马就会央求说：“哥哥，我乖，警察叔叔不要来！”

☆ “我抓到月亮啦！”弟弟嚷道。我们追出来一看，一轮弯弯的月亮正映在脸盆里。弟弟见我们来了，认真地说：“我要把它藏起来，明天再好好地玩一玩。”

☆ 妹妹小文一本正经地说：“把花朵摘下来，种到土里，浇上饮料，喂喂饼干，它才会长出新的花来呢！”

☆ 弟弟耸了耸那微微上翘的小鼻子，撇了撇那噘起的薄嘴皮，挺了挺那鼓鼓的厚胸脯，理直气壮地说：“嗯……我是个东西。”

☆ 弟弟拿起手机拨了一通，就听见他大声喊道：“喂，110吗？我爸妈吵起来了，耽误了我休息，你们快来抓他们吧！”

☆ 弟弟一会儿神秘地凑到我的耳边说：“奶奶切了好多好多肥肉，正在拌米粉呢！”一会儿又笑哈哈地大声宣布：“蒸肉已经搁在火上了，马上就要蒸好了！”

☆ 妹妹两眼简直要喷出火花，尖叫道：“我偏不吃，偏不吃！”说着她就用手捂住眼睛，假装哭泣，一边装哭，一边透过指缝偷看妈妈的动作。

☆ 姐姐那快嘴又喊起来：“你看你写的字，弯弯曲曲像虫子爬，怎么有脸见人呢？”

☆ “这些钱，只准放进去，不准拿出来，要等你上学的时候，才可以拿出来买学习用品。”姐姐郑重地说。

☆ 哥哥大发脾气道："你一个小女孩子家，不是我看轻你，用秤称一称能有几两重？！"

动作描写

☆ 姐姐拿着一本书，坐在桌子前，两肘支在桌上，双手放在额上，两个拇指掩着耳朵，认真地看了起来。

☆ 姐姐走过来看到我的"杰作"，勃然大怒，冲上来一把揪住我的耳朵，把我拖到了客厅。

☆ 弟弟在屋子里踱着步，他学着一休的样子，用涂了唾沫的小手指头不停地在头上画圈，可爱极了。

☆ 妹妹早已忍不住了，只见她一下子蹿到桌边，掀开盖，拿起筷子，一口接一口地往嘴里送，再也抽不出时间喳喳地说话了。

☆ 突然，门帘一掀，小妹闯了进来，她好像吃了喜鹊蛋似的张着没有牙的小嘴咯咯地笑着。

☆ 妹妹没命地向我跑来，我忙闪身出来，妹妹来不及"刹车"，一头撞到了我怀里。

☆ 弟弟跑进屋里，从大衣柜里拿出他冬天穿的皮袄套在身上，又拿出他的小皮帽，歪戴在头上，然后又跑进厨房，拿出一根擀面杖，竖起他那浓浓的眉毛，把眼睛一瞪，做了一个孙悟空向远处张望的动作。

好段

★ 姐姐十八九岁。她的两只眼睛像黑宝石一样亮晶晶的，透着聪敏、慧巧、活泼和刚毅的光芒，秀长的睫毛好像清澈的湖水旁那茂密的树林，给人一种深邃而又神秘的感觉，乌黑的长发柔软又纤细，随着河风在她的脑后飘拂着。

★ 一次，姐姐在我家吃饭，一本好书又把姐姐“套”住了，我们全家人轮番上阵，叫了好长时间她才过来吃饭。她捧着书慢吞吞地边看边走，砰的一声，姐姐的头和我家的墙壁“吻”了一下。面对这么大的痛苦她对书还是不离不弃，继续在书海里神游，真让我佩服得不得了。就是吃饭时她还边吃边看，人家是“不撞南墙不回头”，可她呢，就是撞到南墙也不回头，她可太厉害了。

★ 俏俏很爱美，每次妈妈给她穿新衣服的时候，她都会跑到爷爷奶奶面前问：“爷爷奶奶，我漂亮吗？好看吗？”碰到陌生人她也会去问。当妈妈夸我时，她就会说：“俏俏聪明点儿，俏俏聪明点儿。”她喜欢画画，总是在纸上画些圆不圆、方不方的图形，然后拿给我们看，说是鱼或豆角，还问我们好不好看，每次我们大家都会说好看。

★ 哇！好可爱的小孩，她躺在小小的婴儿床上正在美美地做着香甜的梦呢！她的头圆圆的，像个小皮球，头发在阳光的照耀下乌黑亮泽，淡淡的眉毛下面嵌着的那双大眼睛，睡觉时成了一条比棉线还细的缝。鼻子小小的，像嫩嫩的三角形果冻。她熟睡了小嘴还不停地动，好像在吃奶。最可爱的还是她的小手，细细的手指上长着长长的指甲。我想：她长大了一定能成为一个弹钢琴的高手。

好开头

◎ 我的哥哥是重点中学的高才生，差不多每次考试都能拿第一。你一定会羡慕我有这样的哥哥吧！我的同学也曾对我说："你有这么个好哥哥，有了问题可不愁了。"可事实并非如此，我一问哥哥难题，他就总是卖关子，所以我很少去求他。

◎ 我有一个妹妹，今年3岁，名叫李难。听爸爸妈妈说，因为她出世后一直体弱多病，所以取名叫"难"，意思是小生命来到人间就不顺利，希望她能够战胜困难，茁壮成长。

◎ 我的小表妹虽然今年才3岁，但很聪明，惹人喜爱。那是一个酷热的夏天，我躺在地板上睡午觉，地板上冰凉冰凉的，好舒服啊。过了一会儿，蒙眬中，有人"胳肢"我。我翻身坐起来一看，哦，原来是小表妹在"作怪"呢！

◎ 一大早，叮叮当当的声音就把我从梦中惊醒了。哼，准是姐姐！自从奶奶生病后，她就天天如此，吵得人不得安宁。

◎ 我有一个爱哭鼻子的姐姐。你要问我从记事开始一直到现在，她一共哭过多少次，唉，用电子计算机也统计不出来。用一个我刚学会的成语来形容，简直是“不计其数”。

◎ 我的弟弟亮亮今年 4 岁了。他那胖乎乎的脸上长着一对明亮的大眼睛，说起话来又脆又响，特别招人喜爱。

好结尾

* 呀，妹妹天真活泼，成绩也好，又爱劳动。我觉得妹妹并不糊涂，就算是个“糊涂虫”，也“糊涂”得可爱。

* 妹妹是妈妈的心肝宝贝，是全家人的“大熊猫”，处处受宠。可这样下去，妹妹会变成什么样子呢？

* 我看着哥哥，心里美滋滋的。我的哥哥真好，别人只羡慕我有个成绩好的哥哥，他们哪里知道，我的哥哥还是一位循循善诱的“良师”呢！

* 哥哥，我以后还要求你。我默默地想着……

* 唉，我真希望二姐能改掉她这种学东西三分钟热度的坏习惯。如果她不改掉的话，无论学什么东西都只能半途而废，是无法成功的。

* 这就是我们大姐的“三怪”。其实大姐一点儿也不怪。作为新时代的女性，男人能干的事，女人也能干！

* 我回想起大姐的举动，心中充满了敬佩与自豪。我想：她这是以实际行动学习雷锋叔叔啊！

* 我的弟弟刘波就是这样一个淘气的孩子，怪不得大家给他起了一个特别的绰号——机灵鬼！

校园人物

老 师

好词

外貌神态描写

健美 瘦长 苗条 整洁 潇洒 朴素

简朴 端庄 斯文 清瘦 秀气 矫健

文雅 慧眼 秀目 雀斑 乌发 精瘦

亲切 和蔼 严肃 刚毅 愤怒 失望

麻花辫 细高挑 披肩发 丹凤眼

柳叶眉

闭月羞花 眉目清秀 光彩照人 目光犀利 引人注目 参差不齐

鼻直口方 肤如凝脂 齿如齐贝 脸颊丰满 细巧挺秀 眸清似水

细腻圆润 目光炯炯 两鬓染霜 头发花白 目光严厉 其貌不扬

风度翩翩 落落大方 小家碧玉 笑容可掬 不修边幅 整洁得体

和蔼可亲 声色俱厉 神采奕奕 目不转睛 怒目圆睁 笑容可掬

聚精会神 激情澎湃 和颜悦色 谈笑风生

性格心理描写

爽快 热情 果断 沉稳 稳健

潇洒 风趣 诙谐 洒脱 质朴

正直 无私 满足 欣喜 欣慰

乐意 悦目 痛惜 忧愁 坦荡

虚怀若谷 勤勤恳恳 满腔热情

胸襟开阔 一身正气 沉默寡言

谦虚谨慎 任劳任怨 机智风趣 高风亮节 彬彬有礼 通情达理

温文尔雅 尽职尽责 严于律己 耐心细致 襟怀坦荡 心急如焚

急不可待 精神饱满 兴致勃勃

语言动作描写

责备 浅显 深奥 说服 嘶哑 洪亮 打趣 称赞 畅谈 商量

告诫 规劝 批驳 宽慰 鼓励 应允 追问 叮嘱 争辩 责问

教导 教诲 耕耘 关怀 朗诵 串讲 沟通 排解 开导 指点

点拨 敏锐 巡视 环顾 翻阅 浏览 看望 过目 察看 端详

洞察 赞许 对视 静听 跨步 漫步 利落 肃立 疾步

声情并茂 侃侃而谈 娓娓动听 津津乐道 口若悬河 绘声绘色

谆谆教诲 妙语连珠 滔滔不绝 声如洪钟 一吐为快 豪言壮语

应对如流 柔声细语 风风火火 手忙脚乱 精心培育 一气呵成

刻苦钻研 体贴入微 推心置腹 手舞足蹈 大步流星 因势利导

伏案疾书 干净利落 循循善诱 深入浅出 谆谆教导 言传身教

耳提面命 斩钉截铁

好句

外貌描写

☆ 英语老师个子高挑，面目清秀，走在大街上最引人注目的是他那一头又长又卷的狮子型头发，十分前卫。

☆ 孟老师那红润的瓜子脸，经过阳光的映照，简直就像一朵迎着朝阳、带着露珠盛开的桃花。

☆ 徐老师方脸宽额，浓眉大眼，高挺的鼻梁，古铜色的脸膛儿有棱有角，仿佛石雕一般粗犷豪放。

☆ 一看见“老师”这两个字，我的脑海中就浮现出一个人：他高高的个儿，戴一副深度近视眼镜，头发又硬又乱，身穿一件皱皱巴巴的衣服，衣服上的褶子组成了一个个奇妙的图案——三角形、梯形、平行四边形……似乎在告诉人们，此人与数学有关。是的，他就是我的数学老师兼班主任——马老师。

☆ 这是一位身穿黑色中山装，戴着黑色宽边眼镜，脸上有一点儿笑容的中年老师，他就是我敬佩的陈老师。

☆ 我的数学老师总是乐呵呵的，讲课时，他的胡子抖动着，额头上的皱纹绷得紧紧的，呈八字形。

☆ 瞧，这位身穿黑色西装，戴着黑边眼镜，脸上带着微笑的中年教师，就是陈老师。

☆ 他的头发没有多少了，在那接近光秃的头顶上，头发就像一些竖立在荒丘上的细茸茸的小草。

☆ 衣着整洁、身姿挺拔、知识渊博、风趣幽默的她，就是我的班主任周小兰老师。

☆ 他的身材实在没什么让人看得上眼的地方，既不高大，也不怎么精干，还稍微有点儿胖，一点儿也说不上英俊气派。

心理描写

☆ 数学老师心理乱得不得了，怎么也找不到解决这件事的办法。

☆ 老师感到既惊喜又兴奋——他的努力终于换来了同学们成绩的提高。

神态描写

☆ 老师虽然还是带着笑意在问，但看得出她的脸上出现了一点儿失望的表情。

☆ 王老师正笑眯眯地望着我，那双雪亮的眼睛充满了亲切，充满了鼓励，更充满了信任。

性格描写

☆ 孙老师生性寡言，平时不善辞令，但一到课堂上，话匣子就打开了，大有演说家的气势。

语言描写

☆ 新老师从门口走了过来，脸憋得红红的，两只手搭在胸前：“同学们好！我姓祁，毕业于体育学校……”

动作描写

☆ 王老师越讲越兴奋，一双珍珠般的眼睛眨呀眨的。

☆ 数学老师随着响起的铃声直奔教室，他的每一步都显得那么稳重，让人觉得他似乎在用步伐丈量从办公室到教室的距离。

好段

★ 瞧，眼前这个人穿着条纹西装，十分合体，雪白的衬衣翻领分向两边，中间垂下一条红白相间的缎子领带，脚穿崭新的半高跟男式皮鞋，擦得铮明瓦亮，乌黑发亮的头发向后背着，不时散发出阵阵清香，他就是我的数学老师。

★ 李老师声如洪钟、气壮山河，他好像一把火，点燃了我们全班人的激情。他的双手向两边伸开，像一只展翅欲飞的雄鹰。当读到“也很惧怕”的时候，他的声调一下子下降了许多，双手紧紧聚拢在胸前，好像很害怕的样子，表情也配合得非常好。李老师的感情随着文章变化着，起伏着，他读得引人入胜！

★ 课间，朱老师和我们一起玩“老鹰捉小鸡”的游戏，朱老师当“老鹰”，她一会儿跑到东，一会儿又跑到西。她的眼睛睁得大大的，好像在提

醒我们："嘿——当心！我要捉住你们啦！"真糟糕，末尾的一只"小鸡"因为跑得太慢，被捉住了。这时候，朱老师的眼睛笑得像弯弯的月牙，似乎在说："哈哈，可被我抓住了！"

好开头

◎ 王老师在教我们班之前，她就已经是隔窗吹喇叭——名（鸣）声在外了，听别的班的同学说，她可凶啦！

◎ 老师，亲爱的老师，您可知道，我日日夜夜地想念着您。想念着您那甜甜的微笑，想念着您那亲切的话语，想念着和您一起度过的短暂而又美好的时光。

◎ 我们总算升到了五年级，而且换了一位班主任——严老师。俗话说"新官上任三把火"，这不，咱们这位严老师也烧了"三把火"，把我们这些调皮鬼"烧"得可够受的。

◎ 中等个子，瓜子脸，弯弯的眉毛下一双炯炯有神的眼睛，总爱把头发轻轻地拢成一束系于脑后，她就是我们的地理老师——汪老师。或许，她干净而平凡的外表并不能给你留下太多的记忆，但只要提起她的"绝活"，无人不拍手称好。

好结尾

* 在老师的培养教育下，我的胆量大多了，不再是那个羞答答的"小姑娘"了，爸爸妈妈也夸我有出息。我想，这难道不应该感谢我的班主任王老

师吗？

* 孙老师和同学们走了，望着孙老师的背影，我不由得对她产生了崇敬之情，我觉得她好美。她爱学生、爱孩子的心多么高尚，多么美啊！

* 饶老师的语文课就是这样，她总以丰富的情感创造出一种具体生动的情境，带领我们在人生与知识的海洋中遨游、探索。我们最喜欢饶老师的语文课了。

同　学

好词

稀疏　白皙　浓密　黝黑　慷慨　自大

淳朴　粗鲁　坚强　踏实　谦逊　憨厚

善良　聪慧　骄傲　马虎　自负　自满

朴实　风趣　纯真　真诚　天真　害羞

爽快　朗诵　研究　颂扬　祝贺　懈怠

温习　表彰　预习　斟酌　玩耍　夺魁

安慰　吟咏　吸收　争夺

揣摩　勤勉　默写　推敲　喝彩　表演　推动　聆听　宣誓　背诵

水汪汪　朝天鼻　黑宝石　麻花辫　樱桃嘴　马尾辫　笑吟吟　兴冲冲

披肩发　酸溜溜　笑嘻嘻　水灵灵　细思量　喜洋洋

体态轻盈　心不在焉　漠不关心　昂首挺胸　身姿矫健　喜形于色

天真烂漫　沉静庄重　心直口快　真心实意　三心二意　拉拉扯扯
指指点点　推推搡搡　尖声尖气　潜心苦读　七嘴八舌　载歌载舞
如坐针毡　偷偷摸摸　嬉皮笑脸　携手并肩　握手言和　眉飞色舞
五体投地　高谈阔论　指手画脚　昂首阔步

好句

☆ 他迈着轻快的步子跑到踏板前，往踏板上一蹦，两脚齐落，就像踩在弹簧上似的，立刻弹了起来。

☆ 他话语间透着一股子幽默气息，但通常都是自己先大笑一顿，才告诉我们自己笑的原因。

☆ 只见他面色苍白，嘴唇发干，额角上淌着豆大的汗珠，嘴里大口大口地喘着粗气，两只脚还在明显地颤抖。

☆ 她那线条秀丽的双唇也高高噘起，足可以挂上一只油壶；她那双眼睛怒视着，心中有一股仇恨涌上来，牙齿咬得紧紧的。

☆ 她所有的东西都喜欢和大家一起分享，不会自己独占，当然，慷慨的她还乐于助人。

好段

★ 冯成是我们班的同学。他个子不高，眼睛又大又亮，尤其是他长着两只大耳朵和两片厚嘴唇，活像一个大号的铃铛。为此，同学们送他一个外号——“大铃铛”。

★ 我们寝室里的“呼噜哥”弹奏出来的是一支和谐、美妙而又扣人心弦的乐曲。“呼——呼——呼——”如胡琴般“沉郁”，如竹笛般“悠扬”，如小号般“嘹亮”，如惊雷般“高亢”……使人无法入眠，只能闭上眼睛，辗转反侧地“欣赏”。翌日早上，室友们大都眼圈发黑，成了国家一级保护动物。连续播音的“呼噜哥”看到我们的熊猫眼，疑惑不解：“咦，你们昨晚没睡觉吗？”“这还得谢谢你昨晚的呼噜啊！”我们讥讽道。他恍然大悟，捂住嘴在一边笑了起来。就这样，“呼噜哥”每晚都会在寝室里闪亮登场，可苦了我们这些听众啊！

好开头

◎ 我们班有个天不怕地不怕的天下第一号“勇猛健将”小胖墩，他叫李小明。

◎ 杨智乔是我们班公认的数学天才，然而，他在语文方面有时却一窍不通，他是个地地道道的书呆子。

好结尾

* 那天以后，同学们都叫他“天不怕，地不怕，第一怕打针大王”。

* 过了两天，受伤的同学又来了，那个小朋友也真诚地向受伤的同学道了歉。知错就改，我们就会得到别人的原谅，也会让别人理解你。知错就改，我们还是好学生。

社会人物 ★★★★

街坊邻里

好词

时尚　可爱　暴躁　自私　风趣

团结　狭隘　任性　怪僻　涵养

坦率　坦荡　恬淡　高尚　真诚

清廉　从容　质朴　镇定　庄重

愕然　严肃　苍老　焦灼　惆怅

以身作则　目中无人　言而有信

夜郎自大　沉静寡言　杞人忧天

先人后己　胸无城府　敬老尊贤

任劳任怨　待人接物　争强好胜　巧舌如簧　爱憎分明　勤俭持家

大公无私　一毛不拔　实实在在　一言九鼎　喜形于色　言不由衷

仗义执言　义正词严　犹豫不决　满脸堆笑　若无其事　热情奔放

不动声色　语重心长　满腹狐疑　强词夺理　热情洋溢　恍然大悟

大喜过望　紧锁愁眉　局促不安　有气无力　睡眼惺忪

好句

☆ 老水牛爷爷古铜色的脸上嵌着一双闪亮的眼睛，尖尖的下巴上飘拂着花白的胡须。

☆ 不知怎么了，这个一向爱吹胡子瞪眼睛的老头儿，此时腼腆得像个孩子，脸红红的。

☆ 楼下王爷爷光着膀子在树下乘凉，那显露着骨骼的胸脯犹如一条一条的百叶窗扇。

☆ “怪老头儿”一生别无爱好，就是爱养花。各式各样的小花盆摆满院子，花香溢出了墙头。

☆ 她当年那墨染一般的青丝，如今已变白了，像一堆冬天的雪。

☆ 只见捏糖人的老人用手挖了一点儿糖稀，抖了抖，那糖稀便像细丝一样直往下淌。

☆ 城叔叔的眉毛时而紧紧地皱起，眉宇形成一个问号；时而愉快地舒展，像个感叹号。

☆ 那明亮的眼睛里流露出对我们的关切之情，脸上笑吟吟的，令人感到亲切和温暖。

☆ 她一跳起皮筋来就像疯了似的，只见她越跳越快，时而劈腿，时而倒跳，跳得五花八门，就像一只活蹦乱跳的小猴子，让你眼花缭乱。

☆ 他那两只灯捻儿似的小眼睛里，充满了得意又狡猾的光泽。

☆ 她长着樱桃般的小嘴，浓浓的眉毛下面是一双水灵灵的大眼睛，像星星似的眨来眨去。

☆ 他的样子很可爱，浓浓的眉毛下有一双明亮的眼睛，小小的鼻梁像刀背一样挺直，还有一张能说会道的嘴巴。

好段

★ 我们到马阿姨家时，她正在吃晚饭。奶奶笑着对她说："小马啊，麻烦你等一下给添添加长一下裤子，行吗？"马阿姨听了奶奶的话，二话不说，立马放下饭碗给我找加长衣服的布料去了。这时我才真正明白，正是因为马阿姨的热心才给她带来了红火的生意。接下来发生的事情让我很是震惊——她当时正好没有这种白色的布料，可为了我明天春游不被同学取笑，她竟然毫不犹豫地从常常穿的一条白裤子上裁剪了一块布下来，给我把校裤加长了……

好开头

◎ 离我家不远的食品店前，有一个奇怪的卖蒸糕的小贩。早晨，来来往往的人经过他的售货摊时，不管他们买不买、看不看，他总是笑嘻嘻的。

◎ 在我家楼下住着一位退休工人仇爷爷，他年近六十，那笑眯眯的一双眼给人一种和蔼可亲的感觉。仇爷爷可是一位大忙人，无论谁有困难都会找他帮忙，而他的身影也总出现在别人需要帮助的时候。

◎ “哇——哇——哇——”一阵又娇嫩又响亮的哭声传到我耳朵里，这分明是邻居珍珍阿姨的小婴儿的哭声。三个月前，珍珍阿姨生下了一个白胖胖的小女孩，给她取了一个好听的名字——佳艳。

好结尾

* 那以后，我们就和这位老爷爷熟悉了，每次路过他的摊位，都要停下来和他聊天。从谈话中我们知道，这位老爷爷姓黄，是电力公司的退休职工，每月养老金并不低，家里生活条件也比较好。他修自行车并不是为了挣钱，而是想为上班的人们服务。

* 萧大姐虽然工作繁忙，但也常常跟着我们这些小孩子玩一玩。玩跳高，她穿着高跟鞋，技术也不比我们这群小孩子差！有时候，她也会教我们一些折纸之类的游戏。萧大姐还有一肚子玩不完的点子，因此我打心底喜欢她。

各行各业

好词

奔波　疲惫　艰辛　强壮　信任　敏捷　专注　机智　机敏　沉默
有力　劳累　熟练　尊重　辛勤　精通　负责　整洁　警觉　踏实
控诉　坦荡　勇敢　淳朴　自信　智慧　真挚　平凡　机警　善良
倔强　诚恳　伟大　朴素

吃苦耐劳　坚持不懈　朴实无华　顽强拼搏　喜形于色　言不由衷
默默忍受　蹑手蹑脚　滔滔不绝　察言观色　扬长而去　七手八脚
不甘示弱　孜孜不倦　不动声色　毫不犹豫　完美无缺　雄心壮志
胸有成竹　问心无愧　义正词严　犹豫不决　心满意足　甘拜下风

好句

☆ 她的身材格外高大壮硕，每次她出现时，那轰隆隆的声音总是先于她的躯体出现在门前走廊上，宣布她的来临。

☆ 在我住的地方，经常会出现一个穿着一身蓝色工作服、头戴黄色安全帽的叔叔，他大约三四十岁，是我们这儿的电工。

☆ 那个工人披着雨衣，迎风叉腿而立，那威风凛凛的高大身影，活像井架一样。

☆ 这位老师傅非常瘦，长方形的脸上几乎没有肉，只有那风霜浸染成绛紫色的皮包着有棱有角的骨头。

☆ 这些窘迫的农民，为什么总能让自己的喜悦，透过层层茧和疲惫，从筋骨里流露出来！

☆ 农民，是的，我看得出来——他们脸上的沟壑里，分明流淌着浑浊的泥水。

☆ 拖拉机的主人站在雪地里，他的鼻子冻红了，眉毛和头发上凝着一层白霜。

☆ 山里的老人久经风霜雨雪，布满皱纹的脸庞多半黑得像岩石一样。

☆ 离我不远的花园边上，蹲着一个老农民，他那饱经风霜的脸上，布满了深深的皱纹。

☆ 他那张饱经风霜的脸，好像是用红铜铸成的，宽宽的额角上，深深刻着几条皱纹，汗水不住地往下淌，然而他却毫不介意。

☆ 他一屁股坐在我对面的单人沙发里，把整个沙发塞得满满的。

☆ 她梳着短发，在高高的鼻梁上架着一副金丝边的近视眼镜，显得那样文静而有涵养。

☆ 这姑娘穿着一件粉色的连衣裙，亭亭玉立，站在远处看，她就像是天边的一抹彩霞，是田野里的一株丽花。

☆ 只见李所长坐在沙发上，毫不客气地拿起筷子狼吞虎咽般地吃起来。

☆ 女售票员就像一个高傲的女皇，坐在自己的专属座位上，目不斜视，漫不经心地工作着。

☆ “乘客们，你们好，欢迎乘坐345路公共汽车。本车开往城东公园。”一位满脸笑容的女售票员向乘客介绍道。

☆ 教授的一头灰白头发总是梳理得井然有序，分缝清晰笔直，像地质图上的地质界线。

☆ 他总保持着学者的风度，挺直的脊背，和蔼的面容，金丝镜后面一双含笑的眼睛，头发梳得很整齐。

☆ 犹如把一件丢掉的珍宝抓到手，他亮起眼睛，一连喊了三声：“好！好！好！”

☆ 他在想问题时，任你怎么东拉西扯地打岔，他的思路就像是有个指南针似的，总要朝着那个方向想下去。

☆ 他耳朵支棱着，办公室里明明就他自己，可总像听见有人召唤，神经绷得如箭上弦。

☆ 卖菜的是一名农村妇女，她的脸被风吹得很粗糙，像是没有上釉的陶器，嘴唇干得都爆起了皮。

☆ 他将左手的面团不断转动，右手的银刀飞快挥舞，一条条面片雪花般撒在沸锅内。

☆ 他的眼白似乎是多了一点儿，看起来总像是斜视的样子。

☆ 他那一头头发蓬松松的，油腻腻的，就像原子弹爆炸时冒出的蘑菇云。

☆ 他上街卖糖葫芦，要穿上一套专用的行头——白布中式上衣，黑色布裤，挽着袖口，留着偏分头，斜背着一个用皮带套好的、很讲究的大玻璃瓶……

☆ 那刺猬一样的头发又粗又短，透出一股犟劲儿。

☆ 他个子不高，紫黑色的脸膛，额上有两道浓眉，看上去很威严。他就是我最敬佩的人——陆教官。

☆ 一个军人循着呼救声飞快地跑来，见小孩正在水中拼命挣扎，他急得连衣服也没脱，就跳进冰冷的河水中。

☆ 张警官五官端正，意志坚强，性格刚烈，从不屈服于坏人。他不但英勇，而且破案能力很强。听说有个人犯了案，几个小时后就被他抓住了。

☆ 他前额很宽，额头上清晰地刻着三条深深的皱纹，皱纹里似乎藏着严峻的经历和生活的沧桑。

☆ 人来人往，川流不息，路上十分拥挤，却很少发生交通堵塞的现象，因为有那位警察叔叔在路中间不停地指挥着交通。他身子站得笔直，两手不停地挥舞着，动作规范有力，保证了道路的畅通。

☆ 警察叔叔在烈日下指挥交通，一滴滴汗水从他的头上滴了下来，然而他却不辞辛苦，仍然耐心地指挥着。

☆ 护士阿姨的脸色更难看了，眉毛顿时拧成了疙瘩，额上沁出了汗珠。

☆ 王大夫拨开围观的人群，挤了进去，查看了那人的伤势，便毫不犹豫地把他抱了起来。

☆ 他们眼光仿佛X射线那样，能够检查出人们体内的痼疾。

☆ 我的主治医师是个身材高、肩膀宽、腰板笔直、结实得像一座石碑的人。

☆ 王医生四十岁刚出头，红光满面，眼睛炯炯有神，是个精益求精的外科主任医师，人称“一把刀”。

☆ 我的脑海里时常浮现出那个熟悉的身影，她头戴白帽子，身穿白大褂，炯炯有神的大眼睛里充满着令人温暖的神情，嘴角上总挂着微笑。每当想到她，我就感到格外亲切。

☆ 那位扎针的护士显然是久经战场的老手，打针时动作娴熟，一扎一推，像蚊子叮似的，一点儿都不痛。

☆ 他有着敏锐的观察能力和镇定自若的大将风度，他最大的愿望是能代表国家队出战世界杯外围赛。

☆ 他对于踢球这方面很有灵气，不但如此，他更有一种吃苦耐劳、勇于拼搏的精神，最重要的是他在比赛中有一种超凡的自信心。

☆ 他微笑着，眼睛亮得像夜空中刚刚升起的银星。

☆ 跳舞的姑娘的脚瘦长小巧，雪白雪白的，像嫩藕芽儿似的。

☆ 他微微翘起的下巴上，长着乱蓬蓬的胡子，像是用火燎过似的又卷又黄。

☆ 这位扮演天鹅的独舞演员那足尖的每一步细碎移动，手臂的每一下轻微颤抖，都流泻出一股真切动人的感情。

☆ 我这才发现蹬车人是个留着长头发、小黑胡子，罩着副大蛤蟆镜，挎着个腰包的叔叔。

☆ 这小鬼，大大的眼珠溜溜转，几分狡黠，几分顽皮，又有几分神秘。

☆ 记得一个大风的早晨，她无法用扫把扫地，只好弯着腰，把碎纸、烂叶一一捡起，放进手提的小箱子里。

☆ 他上身穿一件补过的、满是泥斑的短棉袄，下身穿一条灰色的长裤，裤管卷到膝盖上。

☆ 清洁工是那么渺小，却又是那么高尚，他们是绿色家园、美好家园的守护者。

好段

★ 一个用背篓背着食物的运货人出现在我们的眼前，他身材瘦小，拄着木杖缓缓地走着，大滴大滴的汗水湿透了他的黑色背心。他大腿上的青筋暴露出来，他所背的物品的高度远远地超出了他矮小的个子。

★ 只见老人用勺子挖了一点儿糖稀，抖了抖，那糖稀像细丝一样往下淌。这时，老人动作敏捷地捏出了尾巴、身子、腿脚。最后，他又熟练地取出一颗涂上了颜色的豆子，加上点儿热糖稀往成品上一粘，一只别有情趣的凤凰就映入了我的眼帘……

★ 一辆三轮车在我们院子门口停稳了，送来了满满的一车蜂窝煤。车旁站着一位二十多岁的年轻叔叔，只见他乌黑的头发已经湿了，汗珠顺着面颊流下，他的那身蓝色的工作服上沾了不少煤沫子，两肩已经被雪水打湿了，棉鞋上沾满了泥和雪，显然他是费了很大的力气才把这车煤送来的。

★ 我家胡同口，有一个公用自来水水龙头，看水龙头的是一位老大爷。他有着矮墩墩的身材、胖乎乎的面孔，红茶色发亮的额头下面，有两条弯弯的眉毛和一双细长的眼睛，那面相就像一尊弥勒佛。

好开头

◎ 在我上学的路上，有一个十字路口，十字交叉中心的交通指挥台上，常站着一位交警。他头戴威武的大盖帽，身穿整洁的警服，每天指挥着南来北往的汽车和行人。尽管我不知道这位叔叔的姓名，但他是我心目中最崇敬的人。

好结尾

* 以后，每当经过这家小小的无名车铺，我都忍不住往里瞧瞧那满是油污的铁皮箱和那忙碌的身影……

* 老清洁工的一言一行给我留下了深刻的印象。我想：这位老清洁工是多么尽职尽责啊！

第二章　记事篇

忧愁烦恼

开心欢乐

亲人亲情

同学之间

经历见闻

成长记事

开心欢乐

好词

自夸　顽皮　欢心　欢笑　乐趣

趣味　撒娇　调皮　淘气　玩耍

嬉戏　狂欢　傻笑　滑稽　兴奋

鬼脸　戏弄　开心　喜悦　狂喜

尽情　快乐　愉悦　畅快　欣喜

幸福　得意　痛快　满足　欢乐

喜洋洋　美滋滋　乐悠悠　笑嘻嘻

兴致勃勃　欢天喜地　满脸喜色　满面春风　乐在其中　喜笑颜开

欣喜若狂　喜不自胜　开怀大笑　暗自欢喜　笑容可掬　欢呼雀跃

眉开眼笑　兴高采烈　手舞足蹈　欢欣鼓舞　捧腹大笑　哄堂大笑

笑逐颜开　欢声笑语　笑口常开　神采飞扬

好句

☆ 我凑了过去，猛地伸手去抢那条鱼。小猫却机警地用爪子把鱼按住，叫了几声，叼着鱼走了。

☆ 我心里一阵兴奋，轻轻地握了握手，慢慢地拉起长绳，猛地一攥，“哐当”一声，脸盆把小鸟给扣住了。

☆ 我戴着自制的防护面具，举着长竹竿，战战兢兢地朝马蜂窝靠近，结果，还是被它们“追杀”了。

☆ 一个活灵活现的雪人诞生了：它戴着高高的礼帽，翘着红红的鼻子，挺胸凸肚的，活像一个骄傲的大将军。

☆ 她把风筝高高地举过头顶，迎着风，轻轻地拉一拉，又迅速地放线，这样反复几次，风筝果然慢慢地飞上了天空。

☆ 我还清晰记得第一次与螃蟹“亲密接触”的情景：一只螃蟹披着一身盔甲，舞着一对“大刀”，圆鼓鼓的眼珠子直瞪。我蹲下身刚伸出手，就立刻像被火烧了似的缩了回来……

☆ 我们赤着小脚丫，像放飞的小鸟一样，在草坪上一起和风儿嬉戏、捉迷藏。童年，多么美好的童年！

好段

★ 记得儿时，每到儿童节，妈妈就会在我两根梳得高高的朝天辫上系上大蝴蝶结，再给我穿上崭新合身的连衣裙，把我打扮得漂漂亮亮的。我踏着小板凳，站在大衣橱的镜子前，抿着嘴，晃着小脑袋，欣赏着自己的“光辉形象”，内心充满了女孩子的自豪感。

★ 新学期开始了，一切都恢复了生气：鸟儿在枝头卖弄歌喉，唱出婉转的歌曲；红色的鱼儿在池子里游来游去；校园里的广播也成天轻快地唱着。来到新的班级，处处显得那样欢快。同学们个个都很热情，争着和我玩耍，争着做我的朋友。下课时，我们一起打球、跳绳、踢毽子，星期天一起去钓鱼……多么快活的时光！

好开头

◎ 一天中午，妈妈炒了两盘茄子，它又让我想起了几年前的一件趣事……

◎ 童年是美好的，而童年里的趣事像退潮后海滩上遗留的贝壳，蕴藏着几分快乐、天真和幼稚。对我来说，记忆海洋里的“贝壳”还真不少呢！

◎ 五彩缤纷的生活中，有趣的事像朵朵浪花，令人回味，其中一件事我现在想起来还忍俊不禁。

好结尾

* 哈哈，真是一波未平一波又起呀！有趣吧？到现在想起这件事，我还想笑呢！

* 这是我童年做的一件既蠢又很有趣的事，它给我的童年增添了乐趣。

* 哈哈！有趣吧？我的童年就是这样，趣事一箩筐，给雪娃娃洗澡、剃眉毛……也正是那么多的趣事才组成那七彩的童年，令人留恋的童年。

* 小水塘、小花圃、石桌子、后山坡都是我们童年的见证，虽然那幼稚的笔迹、可爱的小手工、自制的鸟窝都已不复存在，可童年有趣的点滴小事我却铭记在心。

忧愁烦恼

好词

担忧　指责　逞能　疑心　畏惧　顶嘴　惶恐　苦楚　失望　恐吓

危急　郁闷　惋惜　惆怅　悲伤　厌恶　担心　孤寂　惊慌　沮丧

愁眉不展　心乱如麻　心有余悸　畏缩不前　无奈之举　忍气吞声

面面相觑　垂头丧气　心事重重　忧心忡忡　茶饭不思　愁眉苦脸

好句

☆ 我感到自己现在的处境好像是一个人挑着一副过重的担子，摇摇晃晃地过独木桥。为此我想尽了办法：慢跑、跳绳、喝减肥茶……可都没有用。节食就更不顶用了，脂肪没减多少，反而饿得我头昏眼花，差点连路都走不动了。

☆ 爸爸用一只手托住我的腰，另一只手托住我的下巴，让我抬头，睁眼，划水，蹬腿……可我就是一个字也听不进去，一个劲儿地嚷嚷着要上岸。

☆ 一听这话，我再也忍不住了，双手掩住脸，眼泪像清泉似的从指缝里淌了出来。

☆ 犹如晴天霹雳，一种被欺骗的痛苦向我袭来。

☆ 我被这突如其来的噩耗震蒙了，想到我再也不能和外婆见面了，再也得不到外婆的爱抚了，泪珠就一串串往下掉……

好段

★ “小小少年，很少烦恼，无忧无虑乐陶陶……”每当听到三年级的小朋友唱起这首歌，我心里总是酸溜溜的。小时候，我很想长大，因为长大了，就可以干许许多多自己想做的事情，不必老是听着妈妈的唠叨和爸爸的责备。可是真正等到自己长大了，却出现了许许多多的烦恼。

★ 当念到我的时候——语文79分，数学87分，第18名，顿时，我的眼泪充满了眼眶，一颗颗豆大的泪珠不知不觉地掉在了地上。我的脸上火辣辣的，我的心里酸溜溜的，又苦又涩，心中好像有个声音在大喊着："××，你失败了，你失败了！"

好开头

◎ 我是独生子女，我的内心是孤独的。今年又要考中学，每天晚上不是写就是算，生活很枯燥，一点儿乐趣也没有。我多次向妈妈提出要养一只小动物，而遭到的却是一次次的批评，为此，我常常闷闷不乐。

好结尾

＊ 看了四川汶川大地震的新闻后，我非常揪心，希望大家献出爱心来拯救汶川人民的家园吧！

＊ 说来也怪，妈妈的办法真管用！从那以后，我再也没有写错"掉"字，我跟那副拖把"拐杖"拜拜了。

＊ 在漫长的人生道路上，还会有更多的压力，而六年级——它仅仅是个开始……

兴趣爱好

好词

聆听　动听　悦耳　临摹　美妙

浑厚　低沉　吟咏　沉浸　萦绕

婉转　写生　复述　轻柔　雕刻

洪亮　翩翩　飘舞　悠扬　理解

陶醉　挥舞　体会　雄壮　缠绵

素描　起舞　轻盈　畅谈　高昂

珠圆玉润　诗情画意　余音绕梁

龙飞凤舞　巧夺天工　荡气回肠

声情并茂　轻歌曼舞　自然流畅　棋逢对手　敏捷灵活　精神抖擞

龙争虎斗　抑扬顿挫　遥遥领先　旗开得胜　气势逼人　变幻莫测

好句

☆ 琵琶声优美动听，行人听见不走了，百鸟听见不唱了，都被这醉人的乐声吸引住了。

☆ 我们唱起悦耳的民歌，手拉手跳着，一会儿合成小圆圈，就像含苞欲放的花蕾；一会儿扩成大圆圈，又像是怒放的鲜花。

☆ 我爱书法，不仅因为它优美，还因为它可以让我静下心来，修身养性，因此我至今还在苦练书法。

☆ 只见他双目炯炯有神，将自己的全部精力凝集在笔尖上，提笔一挥，沙沙沙，几行草书就龙飞凤舞地出现在宣纸上。

☆ 这幅水彩画既工整细腻，又空灵剔透，画面的远、中、近景层次分明，虚实相映，具有淡雅清丽的风格。

☆ 我喜欢下棋，因为它可以使我的思维能力得到提高；我喜欢打球，因为它可以使我的身体更加健康强壮；我喜欢阅读课外书籍，因为它可以让我开阔视野，获得许多知识和快乐。

☆ 接球和扣球的动作是那么自然、优美，就像在舞蹈一样，给人美的享受，让人陶醉其中。

☆ 妈妈说我是个书呆子，我却不以为然，呆也好，傻也罢，反正我爱上看书了。

☆ 有的书带给我自信和力量，有的书使我感动得热泪盈眶，有的书坚定了我的理想和信念，有的书为我的写作提供了大量的素材……

☆ 有时候，在傍晚看着夕阳徐徐从西方落下，我心中就会涌起一股热情。这个时候，书中那些如有身临其境之感的诗句让我陶醉，那些神采飞扬、蕴含着知识的句子让我爱不释手。

好段

★ 那乐曲有时奔放、热情，有时委婉、细腻，余音袅袅，真是令人神往，让人陶醉。一个个音符似乎变成轻轻飘动的云朵，忽然间又变成艳丽夺目的彩带……

★ 经过一年半的练习，我的字越写越好，和刚开始相比，实在是“判若两人”。每天放学后我都到老师家练习写字。经过刻苦学习，我的毛笔字有了飞跃性的进步，在第九届世界和平书法展中获得铜奖，暑假考级中也顺利通过五级的考试。想想过去受的苦和如今的收获，我的心中感到十分欣慰，“没有苦中苦，哪来甜上甜”，还真应了这句话。

★ 我有许多爱好，它们仿佛是金色沙滩上五光十色的贝壳。我从其中捡起一个红彤彤的贝壳，里面装着我最大的爱好——画画。

★ 因为我是一个荷花迷，每天都往这里跑，一看就是好几个小时。我爱躺在荷塘边的青草上，回味读熟了的《爱莲说》，欣赏藕梗间鱼儿潜游，看蜻蜓在莲花上飞停寻觅，听鸟雀在绿荫里叽叽喳喳歌唱。

好开头

◎ 我从小就有一个愿望，就是要学会游泳。今年暑假，我终于可以参加游泳培训班，实现自己的愿望了。

◎ 我从小就喜欢捏橡皮泥，书架上、写字台上和电冰箱上都摆放着我从小到大所捏的“精品”。从这些作品中，可以看出我捏橡皮泥的每一次进步。

◎ 小时候，邻居家的叔叔经常吹笛子，我感觉吹笛子挺好玩的，就报了笛子班，从此我便与笛子结下了不解之缘。

好结尾

* 我喜欢捏橡皮泥，它不但丰富了我的课余生活，还锻炼了我的动手能力。

* 学跳舞虽然是份苦差事，但我还是很喜欢，因为它不仅使我学到了技能，还磨炼了我的意志，让我知道了做什么事情都要不畏艰难、坚持不懈。正所谓“台上一分钟，台下十年功”。

家庭记事 ★★★★

家人亲情

好词

寒暄　盎然　慈爱　和好　体谅

理解　和睦　质朴　纯真　敬重

沉浸　原谅　崇敬　辛苦　和解

欢聚　洋溢　沟通　祝福　细致

教导　谅解　幸福　交流　健康

敬爱　尊重　恩爱　照顾

美滋滋　笑眯眯　笑嘻嘻　慢悠悠

热腾腾

齐心协力　欢声笑语　尊老爱幼　心平气和　同甘共苦　天伦之乐

合家欢乐　满面春风　蒸蒸日上　勤俭持家　井井有条　相敬如宾

和好如初　幸福和睦　幸福美满　体贴细致　互敬互爱　和睦相处

好句

☆ 妈妈轻手轻脚地走到爸爸身边，把外套披在他的身上，然后回到沙发上，又捧起自己的英语课本。

☆ 一阵冷风吹来，我打了个寒战。妈妈察觉到了，赶忙脱下自己的衣服，披在我身上。

☆ 爷爷在地里流着汗干活，我把水壶拎到田边，把水倒进碗里，端给爷爷喝，还为他擦去满头的汗。

☆ 姥姥戴上老花镜，絮絮叨叨着，替我钉好纽扣，随手又在我的小屁股上轻轻地拍了几下。

☆ 我最喜欢和爸爸在家里玩“打仗”了。小时候，爸爸总是用红泥土为我做枪，一把把逼真的小手枪让我爱不释手。我虽然是女孩子，但我的性子比较野，成了爸爸名副其实的“小跟班”。

☆ 家庭就像一棵大树。生活在幸福的家里，爸爸妈妈就像树干支撑着大树，而我就像一片叶子。

☆ 首先出场的是我那可爱的妹妹，她准备唱《爱我你就抱抱我》这首儿童歌曲。小孩子就是小孩子，那么放不开，磨磨蹭蹭地走了上去，速度比慢羊羊还慢。准备唱歌啦！只见妹妹的脸像煮熟的龙虾一样，通红通红的。

好段

★ 老妈的关心，我经常感觉不到，老妈总是很含蓄地表达着她的母爱，一点一滴地倾注她的温存与宽容，慢慢地我才领悟到这就是伟大的母爱。

★ 今天，我用自己的压岁钱为妈妈买了一盏小台灯。回到家，我恭恭敬敬地献给了妈妈，并祝妈妈永远快乐。望着这盏包装精美的小台灯，妈妈亲切地说："好孩子，妈妈谢谢你！"看着妈妈那张不再年轻的脸和朴实的衣着，一幕幕妈妈关心我、爱护我的情景，都浮现在我眼前。好妈妈，我应当谢谢您，谢谢您给予我无私的爱。

★ 我急忙拿起一个水气球朝妈妈扔去，可怜的妈妈还没来得及躲，水气球已经在她身上开了"花"。爸爸也不甘示弱，拿起一个水气球朝我扔来。我心想，我才不像妈妈反应那么慢呢！我敏捷地一躲，顺利逃过了这一"劫"，那个水气球"啪"的一声掉在地上，水溅了一地。我想，如果我来一个声东击西，那么一定可以"偷袭"成功。于是我拿起两个水气球作出朝妈妈扔的姿势，但我没扔向妈妈，反而朝爸爸扔了过去。爸爸反应很快，迅速拿起两个水气球准备还击。但还是慢了一步，我的水气球恰好砸在爸爸手上的水气球上，四个水气球同时在爸爸身上爆炸了。我和妈妈看见爸爸狼狈不堪的样子，都笑了起来。

好开头

◎ 一次，我对妈妈说：“我已经不小了，应该让我多分担一点儿家务活儿了。”妈妈答应了我的要求——晚上让我学淘米。得知自己可以跟水打交道了，我真开心。

◎ 一天，我放学回家，爸爸正在做饭。他一见我回来就对我说：“荣根，我在烧饭，缸里的水用光啦，你快去挑水吧！”

好结尾

* 从擦车趣事中，我悟出一个道理：无论做什么事都是一回生，二回熟，熟能生巧。

* 我高高兴兴地把袜子晾在阳台的绳子上。奶奶夸我说：“真是个爱干净的孩子。”

校园记事

读书学习

好词

请教　潜心　复习　探索　聆听

琢磨　勤奋　仔细　毅力　鼓励

认真　纠正　专心　研讨　好学

吸收　掌握　揣摩　模仿　用心

苦读　切磋　探讨　谦虚　沉思

开窍　复述　预习　细读　耐心

专注　朗诵　细心　品味　告诫

恒心　自习　深思　浏览　训练

思考　勤勉　严谨　聪颖　丰富　流利　发奋　踏实　讲解　考虑

精益求精　寻根究底　有条不紊　专心致志　对答如流　全神贯注

恍然大悟　豁然开朗　反复推敲　学海无涯　字斟句酌　聚精会神

取长补短　虚心请教　仔细推敲　触类旁通　潜心苦学　好学深思

一丝不苟　详略得当　温故知新　千篇一律　各抒己见　过目不忘

好句

☆ 读书声从各个教室传来，“嗡嗡嘤嘤”犹如群蜂采蜜，“啁啁啾啾”胜似百鸟学歌。

☆ 说到这儿，他一边举手敬礼，一边弯腰鞠躬，样子十分滑稽，又引起一阵哄堂大笑。

☆ 我的脸都急红了，头上的汗水豆子一样滚动，可还是算不出结果。

☆ 我反复看了几遍题目，还是不知道从哪里下手。怎么办？怎么办？我急得像热锅上的蚂蚁，两颊涨得通红，差点把含在嘴里的笔咬碎。

好段

★ 过了三四分钟，我们听见楼梯上有“咚咚咚”的脚步声，同学们以为范老师来了，串位的赶忙回了位，喝水的忙向座位跑，看小人儿书的忙着藏起来，在一起谈笑风生的女生连忙坐得端端正正。慌忙中有的人抓起桌上的语文书或者数学书胡乱地翻了起来，顾不得把拿倒的书正过来，有的人还用书遮住自己忍不住笑的脸，强装作专心致志学习的样子。

★ 教室里静悄悄的，同学们都竖起耳朵等待着。马老师叫了一名女同学上台，让她把自己的塑料笔杆使劲往头上擦擦，然后把它伸向一堆碎纸屑。霎时，奇迹出现了！许多纸屑立即自动地沾到了笔杆上。正当我们看得目瞪口呆时，马老师问道：“哪来的电呢？”大多数同学努力地思考着，只有一名同学小声回答："摩擦的呗。"

★ 由于原来的那台电脑用不了了，我就用了旁边的一台电脑。这时何宇健也冲向了这台电脑。原来，上学期是何宇健用这台电脑的。他开口就说："走开，这台电脑是我用的。"我也不甘示弱，说："老师又没说要按上学期的座位坐。"我们俩闹得不可开交，最后还是我抢到了电脑。后来在我玩游戏时，他又来打扰我，好像很不服气的样子。

好开头

◎ 今天，我向大家介绍一个美丽的地方——文海实验小学，那儿就是我的母校。

◎ 校园是个快乐的地方，校园是孩子们另一个温馨的家。它给了我无限欢乐，我要由衷地献给它一曲七彩赞歌。

好结尾

* 这就是我们美丽的校园，它装载了我们许多的回忆！希望您有机会来看看！

* 唉！校园到底是什么颜色的？啊！我知道了，校园是七彩的，它像一座彩虹桥，引领我们通往未来。

师生之间

好词

教导　交心　严肃　教诲　关心　谈心　教育　期望　严厉　希冀
指导　操心　爱护　慈爱　和气　责备　慈祥　威严　严谨　和蔼
佩服　和善　随和　辅导　偏心　关怀　安慰　说服　诚恳　关切
敬佩　尊重　补习　融洽　鼓舞　恭敬　关爱　尊敬　呵护
因材施教　甘为人梯　推心置腹　促膝谈心　呕心沥血　温文尔雅
苦口婆心　语重心长　绘声绘色　潜移默化　热情洋溢　伏案疾书
尽心尽力　言传身教　平易近人　勤勤恳恳　为人师表　滔滔不绝
异口同声　关怀备至　循循善诱　深入浅出

好句

☆ 章老师听见了声音，连忙转过头来，她看见我摔倒在通道里，赶忙跑过来把我扶起来，掏出纸巾替我擦去身上的脏水。

☆ 朱老师看出了我的心思，用热情、慈祥的目光看着我，鼓励我不要泄气，要继续努力，争取下次取得好成绩。

好词、好句、好开头、好结尾

☆ 蒋老师对我们的影响是通过一条无声的线路传达的，潜移默化，铸就了学生们一颗颗善良、宽厚、正直的心。

☆ 下课了，您从办公桌的抽屉里取出了针和线，一针一线地缝上了那名同学衣服上掉下的扣子，那专注的神情多像一位温柔的母亲啊！

好段

★ 周老师仿佛看出了我们的心思，对我们说："先举个例子让你们看看。"说完，他挂出一块小黑板，上面写着"贵"和"贱"两个字。周老师解释说："'贵'和'贱'都有一个'贝'字，'贝'是什么？钱。为什么都拥有钱，一个高贵，另一个却低贱呢？把钱踏在脚下，不被它所控制，人品自然高贵；可怜兮兮地把钱抱在怀里，天天围着它转，自然就成了低贱的守财奴。"

★ 所有人都沉默地坐在教室里，因为今天是我们即将和老师分别的日子。教室里安静得连风儿掠过的声音也能听见，黄老师走进教室，在黑板上写道：蓝天上白云轻盈飘过，那里有我深深的寄托。大家还是沉默，老师深吸了一口气，强露出了笑容说："让我们带着笑容离开，好吗？"大家抬起头，眼泪顺着脸颊流下，就要离开这熟悉的一切，告别昔日的好友、老师了，心中怎能是个滋味？但看到黄老师期望的眼神，大家露出了勉强的笑容。

★ 老师为了不扫大伙儿的兴，便大声提议："我们去打雪仗吧！"我们可来劲儿了，于是分成两组，摆开了战场。我们组有大个子蔡建强撑腰，老师带领的都是些小个子，一看就难以取胜。果然，打到高潮时老师的"小分队"吃不住劲儿了，我想绕到他们后边，打他们个措手不及。可是回头一看，刘老师已经包抄上来了，我急忙往回跑。真奇怪，老师这么大年纪竟还能像孩子一样灵活……

好开头

◎ 这是一堂充满快乐的英语课，大家都很开心，没有一个人是愁眉苦脸的。

◎ 星期三的上午，张老师给我们班上了一堂别开生面的科技活动课——检验香烟的毒性。

好结尾

* 啊，我如梦方醒，原来这是一次思想考试，考考我们是"争"还是"让"。老师这突如其来的一招可真妙！

* 通过这个游戏，不知不觉中，"book"这个单词已经牢牢地刻在了每个同学的脑海中。

同学之间

好词

友情　赞扬　计较　友谊

和睦　错怪　团结　信任

隐瞒　思念　想念　挂念

追逐　谅解　反省　信赖

嫉妒　关照　嬉闹　安慰

与人为善　不由分说

欲言又止　互相帮助

争论不休　良师益友

怒气冲冲　握手言和　心直口快　同心协力　交口称赞　奔走相告

好句

☆ 我们班有一个公用的钢笔墨水瓶，已经使用近两年了，现在还是满满的，奇怪吗？说怪也不怪。

☆ 班长的座位空空的，大家都知道，他得了白血病，已住院多日了，同学们都红着眼圈。

☆ 大家都有点儿担心，要知道以前参加的活动，我们班都是稳拿第一的。同学们一边给她们整理服装，一边一个劲儿地安慰。

☆ 等他一离开学校，我就赶紧把写好的道歉信放进他的文具盒里，一颗心怦怦地跳个不停。

☆“别急，咱们一起分析分析。”张帆说着拍拍我的肩膀，挨着我坐下，认真地帮我分析起这道题来。

☆他俩像斗架的公鸡，都是脸红脖子粗的，你骂我一句，我骂你一句，满嘴脏话，谁也不让谁。

☆校园里一片欢声笑语，同学们在相互追逐着、玩耍着，有的在爬竿，有的在跳远，还有的在打羽毛球，几个女同学聚在一起在跳橡皮筋，并且边跳边欢快地唱歌。

好段

★推开病房门，只见小明整个头除了眼睛和嘴巴露着，其他地方全用纱布包着。看到这一切，我觉得心里像坠了铅块，沉重极了。“小明，是我害了你，你恨我不？”我哭着问。小明吃力地睁开双眼回答：“不会的，因为你也不是故意的，只要记住这次教训就行了。”我破涕为笑地回答：“是，长官。”这话把在座的人都逗乐了。

★一路上我气喘如牛，大汗淋漓，黄龙飞健步如飞，轻松自如，硬是把我像牛一样“牵”到了终点。一到终点，我就扑通一声瘫倒在地，他不仅不同情我，反倒像先生似的“教育”起我来：“学习嘛，当然得刻苦，不过，身体也得锻炼，

不然可真成书呆子了。做事嘛，就要坚持不懈……”我躺在地上哭笑不得，可心里算是服了他……

★ 同学们纷纷拥上来为我送行。我终于尝到分别的滋味了。从早上起床开始，我就觉得心里好像失去了什么似的。送我们去火车站的接待车发动了，我从车窗里伸出手再一次和要好的同学一一握手告别。这当儿，有一些女同学的眼圈红了，泪盈盈地向车窗靠拢。汽车开动了，和我最后告别的同学竟拉住我的手不放，跟着慢慢开动的汽车跑了起来。有的同学朝汽车使劲挥手，有的高喊：“别忘了给我写信，别忘了……”

★ 教室里简直乱成了一锅粥，怎么办？对，杀一儆百！于是，我瞪着眼睛，怒气冲冲地朝闹得最欢的崔金亮吼起来：“崔金亮，你站起来！看你那德行！”他仿佛聋了似的，对我的话无动于衷。我走过去想扯他，这时传来阴阳怪气的声音：“好嘛，吃黄河水长大的……管得倒宽。”我扭头一看，立刻气得火冒三丈，说话的竟是崔金亮的组长邱亮。这不是存心作对吗？我三步并作两步，来到邱亮面前，指着他的鼻子说：“你是组长，不仅不管他，还同我作对，这像话吗？”他不紧不慢地说：“你这样训人，我看不惯！”他这么一说，把我气得像暴怒的狮子，又吼起来：“你……你也站起来！”邱亮脸朝天花板，直翻白眼，对我不理不睬。

好开头

◎ 今天，天气好得总让人觉得该唱几句似的，同学们一大早就来到教室里神侃。

◎ 俗话说：“一个和尚挑水吃，两个和尚抬水吃，三个和尚没水吃。”这是笑话吗？当然不是，不妨看看我们学校的这三个“和尚”吧。

好结尾

* 龙卷风刮倒了许多的房屋，刮走了无数的衣服，然而它刮不倒也吹不走的是我们同学间兄弟姐妹般的情谊。我生活在这样的大集体中，是多么温暖、多么幸福啊！

社会记事 ★★★★

经历见闻

好句

慈善　文明　文雅　捐献　捐助

援助　关切　同情　宽容　诚意

诚实　无私　爱心　体谅　勇敢

勤劳　无畏　理解　忍让　谦虚

勤俭　友爱　朴实　磊落　坦率

公德　怜悯　慷慨　新鲜　奇怪

稀罕　惊奇　诧异　稀奇　惊讶

沉浸　幸福　陶醉　眼界　刁钻

廉洁奉公　急人所难　挺身而出　倾囊相助　尊老敬贤　抑恶扬善

拾金不昧　奋不顾身　感人肺腑　雪中送炭　临危不惧　严于律己

大公无私　正大光明　有问必答　两袖清风　刚正不阿　救死扶伤

不遗余力　秉公办事　竭尽全力　舍生忘死　排忧解难　爱憎分明

铁面无私　疾恶如仇　慷慨解囊　表里不一　助人为乐

好句

☆ 警察叔叔脱下自己的雨衣，给老奶奶穿上，然后背起她，深一脚浅一脚地朝前走去。

☆ 那位叔叔抱着水枪，奋不顾身地扑向火场，哧——一道强烈的银色水柱喷向了熊熊烈焰。

☆ 一些过路人看到我和爷爷在扶被风吹倒的自行车，也纷纷加入我们的行列，全然不顾狂风侵袭。

☆ 同学们扬着被雨水淋湿的钱，争相投入箱内。人越来越多，捐款箱前面渐渐排成了一条“长龙”。

☆ 自从柑橘成熟以来，就出现了一些人，三五个一伙，不是说来收税，就是什么“干部”来买橘子，气死人了。

好段

★ 眼看后面的人就要追上来，小偷一不做二不休，一拳打在老爷爷的脸上，鲜血立刻从老爷爷的鼻孔里流了出来。可是老爷爷全然不顾自己受伤，仍抓住小偷不放。小偷又朝老奶奶狠狠地踢了一脚，老奶奶“哎哟”一声，慢慢地倒下了，茶摊也被砸倒了，可她还是死死地抓住小偷的衣襟。小偷死命挣扎，仍没有逃掉，被后面追上来的人一下子抓住了。

★ “鸟巢”外面虽像鸟儿用树枝搭起来的窝，但里面很整齐，三层观众区都是人。比赛还没有开始，大家开心地拍照。各种肤色的人聚在一起，有的人脸上贴了红旗，有的人胳膊上贴着红旗，有的人头上扎着红带子，大家对着相机做着各种动作。幸亏上午下了很大的雨，天气凉快，不然，光是疯狂的观众就能把“鸟巢”闹得天翻地覆了。

好开头

◎ 自古以来，世上有许多为占有土地或金钱而发生的战争，可你们见过为几个又小又轻的气球而发生“争抢”的吗？我就目睹过这样的事。

◎ 我们处在一个日新月异的大世界里，而我每天都用自己的小眼睛看世界上的是是非非，或善，或美，或丑，或恶……

好结尾

* 一时间，两件事反复在我的脑海中出现，第一件包含了世间人人都喜爱的真、善、美，第二件则包含人人都憎恨的丑和恶。如果真、善、美是一块美玉，丑、恶则是美玉上的瑕疵。小眼睛看大世界，希望人间处处是美玉。

* 望着那渐渐散去的人群，我心中有一种说不出的感觉。再回头看那辆陷入雪中的三轮车，在众人的帮助下，它已经摆脱了困境。

风俗民情

好词

色彩 庆祝 欢腾 奏乐 庄重 浓郁 浓厚 欢聚 装点 喝彩
庄严 沸腾 拜年 肃穆 盛装 崇拜 陶醉 吉庆 庆典 仪式
乡俗 喜庆 民风 弘扬 仪式 隆重 图腾
彩灯高悬 美酒佳肴 接踵而至 鞭炮齐鸣 熙熙攘攘 络绎不绝
鼓乐齐鸣 热情洋溢 流光溢彩 锣鼓喧天 人山人海 震耳欲聋
良辰吉日 神采飞扬 翩翩起舞 喜上眉梢 张灯结彩 开怀畅饮

好句

☆ 人们身穿节日盛装，从怀里掏出手帕，双手伸开，弯腰让彼此的手帕相碰，互问“新年好”。

☆ 维吾尔族舞蹈“铃鼓舞”情景交融，舞姿疏密有致，情绪浓时仿佛阳光洒满天山，淡时犹如水墨轻描画卷。

☆ 一条条披红挂绿的龙舟在锣声、呼喊声和哨子声中，劈波斩浪，奋勇向前，为节日增添了许多紧张和欢乐的气氛。

好段

★ 除夕之夜，家家户户溢出欢声笑语，天空中不时升起五彩缤纷的烟花。夜空仿佛一个偌大的电视荧屏，正在播放万家庆新春的精彩节目，真是“灯火辉煌庆佳节，欢声笑语迎新年”啊！

★ 只见大街上一拨秧歌开始打圆场了。这时唢呐换调，锣鼓的韵律也变得更加激昂。一对旱船如同在水上漂，手持“船桨”的老汉在前面像醉翁一样扭着舞步，船里那水灵灵的“大姑娘”在忸怩作态。正扭到高潮处，后面却冲出几个“刁婆子”，只见她们手拿棒槌，身穿青色布衫，耳朵上还挂着一红一绿的大辣椒，头上梳着“笊篱把”，脸上有一个黄豆大的“黑痣”，黄脸朱唇，气势汹汹，大有“棒打鸳鸯”之势，三蹿两跳来到了旱船跟前，与“老汉”开始周旋。“棒”“桨”相撞乒乒乓乓，“丑脸”相对互不相让，似撕似打，似挑似逗，似舞似扭，真叫人啼笑皆非。

好开头

◎ 俗话说：“十里不同风，百里不同俗。”三峡宜昌地区的人们用自己的智慧和双手创造了灿烂的文明，同时也形成了自己独特的习俗和文化。

◎ 十月节是哈尼族的盛大节日，在这期间人们举行斗牛、摔跤、对山歌等活动，我觉得最有趣的就是“打石子”了。

好结尾

* 月亮渐渐升高，我依依不舍地离开。但观灯的人依然络绎不绝，各种彩色的灯像天上的繁星一样，大放光彩。真是“一夜花灯醉，只缘春意浓”啊！

* 在热闹的爆竹声中迎来了新年的钟声。送走了旧的一年，又迎来了新的一年。过年了，就代表着我们又长大了一岁，要更加努力地学习，不要辜负了家长和老师的期望。

* 民俗民风，就是我们生长的血脉，是我们心里抹不去的最美好的回忆。

* 啊！家乡大秧歌，你已经成了人们生活乃至生命的一部分。你就像陈年的美酒，醇香甘甜，沉醉了家乡人的心。

保护环境

好词

调查　线索　提供　准备　接待　整理

宣传　解决　辛勤　思索　拯救　集聚

抗议　求救　注视　保护　繁衍　生存

委托　留意　冰天雪地　狂风怒吼

惊恐万分　勤俭节约　变废为宝

生机勃勃　波光粼粼　依山傍水

面目全非　触目惊心　节能减排　植树造林

好句

☆ 望着远去的清洁车，一个声音在我的心底越来越响亮：我们只有一个地球，人类要爱护它。

☆ 大树没有了，树桩上留下一个个怨恨的斧印，在阳光的曝晒下流出的树脂像一滴滴泪水。

☆ 我情不自禁地伸出双手，小心翼翼地接住水龙头中滴出的水珠，像对待掌上明珠一样。

好段

★ 丁零零……随着一阵清脆悦耳的铃声，我睁开蒙眬的睡眼，希望的晨曦射进窗户——新的一天又开始了！早上的洗漱穿戴一如既往，但洗脸刷牙的水用得少了，只为节约水资源；背上书包，走下楼，钻进小汽车里，我们家的小汽车不再是加油的汽车，而是环保的充电汽车，可以减少碳排放。

★ 我们离不开赖以生存的地球，共同的命运把我们联系在一起。大自然多么盼望流浪的鸟儿能回到家园，地球母亲把重任托付在人类的双肩，因为只有我们才能挽回地球和人类的幸福：让绿色不再叹息、大自然不再哭泣，让地球母亲的伤痕消失，让明天的地球更加美丽！

★ 节约用水，保护水源，是每个人应尽的义务和职责。听爸爸讲：童年的他和小伙伴们在小溪里打水仗、捉石蟹、网小虾米，累了渴了就会喝上一口溪水。那时的溪水还可以直接饮用呢！可现在的河水、溪水有很多都被人类给污染了，许多地方出现了缺水和污染的情况，清洁的水源已经越来越少了。

★ 树木对我们人类是很重要的。它们不仅绿化环境，还能防止水土流失。所以，砍光树木破坏了生态环境，对我们人类有害而无益。保护森林，杜绝乱砍滥伐，我们应该立刻行动起来！

好开头

◎ 我们全人类有一个共同的“母亲”——地球。她哺育着人类，是我们生命的摇篮。可是，近年来，我们的“母亲”却变得伤痕累累，这完全是由于人类缺乏环保意识、随意破坏环境导致的，让地球“母亲”受伤了。

◎ 小时候，长辈们总是跟我讲起他们小时候在小河里戏水玩耍时的情景。那时候，绿水如黛，清澈见底，口渴时随手捧起就能喝一口。树木葱葱郁郁，草地上盛开着不知名的野花。山山洼洼，坡坡岗岗，一片生机勃勃。天空明净、湛蓝，新鲜、轻盈的空气像波浪一样摇荡着，滚动着。

◎ 人类只有一个地球，它是人类赖以生存的自然资源，大家要过上幸福美好的生活，就必须自觉地保护自然环境，爱护地球。

◎ 环境是人类生存的一大重要条

件，好的环境培育出好的人才，如果环境遭到严重的破坏，那么人类的健康和生存怎么保障呢？保护环境，人人有责啊！

好结尾

* 同学们，人类只有一个地球，我们每个人都应该珍惜她、爱护她。保护地球，拯救人类共同的家园，已经成为每个公民义不容辞的责任。让我们从自身做起，从小事做起，保护资源，爱护环境，共同创造美好的明天！

* 人类要靠环境生存，环境要靠人类保护。难道人类还要等到地球毁灭的那一刻才醒悟吗？我呼吁：保护环境，大家一起行动吧！

* 一个人的环保行动就像是一盏灯，大家都点燃自己的那盏灯，整个世界就会一片光明！让我们行动起来吧！不用塑料袋，不用一次性筷子……保护环境，人人有责！让我们的地球更加美丽！

* 倡导绿色低碳生活，用自己的实际行动保护环境。不要让茂密的森林、辽阔的草原、无边无际蔚蓝的海洋变成回忆。

* 仰望蓝天，白云悠悠，鸟儿飞翔，多么美的一幅自然景致。留下它，为了我们的子孙后代，也为了我们自己！

第三章　写景篇

日月星辰

春夏秋冬

溪泉瀑潭

都市万象

亭台楼阁

文物古迹

缤纷自然

晨午昏夜

好词

清晨　天光　翌晨　晨色　晨星

晨光　晨炊　晨风　晨雾　曙光

晨辉　晌午　日中　当午　正午

过午　骄阳　艳阳　歇午　烈日

残阳　夕照　垂暮　薄暮　暮色

斜阳　夕阳　夜半　夜色　夜阑

夜茫茫　夜深深　黑沉沉

黑漆漆　黑乎乎　二更天　夜朦胧　三更鼓

朝阳初升　日出东山　晓露未干　日出东海　喷薄而出　大地苏醒

夕阳西沉　夕阳西下　暮色苍苍　一缕夕阳　天色渐暗　日薄西山

长夜漫漫　万家灯火　月朗星稀　夜黑雨紧　繁星闪烁　秉烛夜谈

好句

☆ 黎明，一层白色的浓雾覆盖着滇池，渐渐地化成一层薄薄的面纱。曙色轻轻地掀开面纱，让朝霞露出羞红的脸。

☆ 天渐渐破晓，淡青色的天空镶嵌着几颗残星；大地朦朦胧胧的，如同笼罩着银灰色的轻纱。

☆ 清晨，湛蓝湛蓝的天，万里无云，纤尘不染。太阳像温柔的小姑娘，微笑着，洒下柔和的光，照得人身上暖洋洋的。微风习习，送来一丝丝清新的凉意。

☆ 中午，群峰披上金甲，阳光在水面上跳跃，长江也变得热烈了，像一条金甲巨蟒，翻滚着，呼啸着，奔腾流去。

☆ 五月的夜风，飘着道边槐花的清香，轻轻地吹拂着路人的面颊与发鬓，吹拂着人们的胸襟，温柔的抚慰犹如慈母的双手。

☆ 夏夜的星空是多么美丽啊！那些闪烁的星星是那么平静安详，既像一只只明亮的眼睛，又像一盏盏亮晶晶的银灯，在看着我，照着我，使我产生了许许多多的遐想。

☆ 盛夏的夜晚，太阳的余热还没有完全散去，一轮明月就已经在东山升起。归巢的鸟儿渐渐地安静下来，萤火虫在草丛里一闪一闪的。

☆ 夜幕降临，轻风微拂，启明星出现在东方的天空，放射出引人注目的光，仿佛一盏高悬在空中的夜灯。

好段

★ 天边露出鱼肚白色的曙光，渐渐地越来越明了，由鱼肚白色转为橘黄色，又由橘黄色变成淡红色，一会儿红彤彤，一会儿金灿灿，还有半紫半红的颜色，还有些说也说不出、见也没见过的色彩，真是五彩缤纷。朝霞的形态也变化无穷，有的像一只展翅欲飞的雄鹰，有的像一条鲜艳的红领巾在飘扬，可一会儿红领巾不见了，跑过来了一匹奔腾的骏马……真是千姿百态，变化万千。

★ 冬日的午后，很安静。我甚至相信，那缕遗漏在桌上的光线，也是秋菊绽开，微微散发出的冬情。窗外老树的枝丫，仿佛是一支铅笔，简单勾勒着冬天特有的素描画，褪去浮华的色彩，那黑白色调，在悠然的下午，不是一种孤独的苍凉，像是一张黑白照，像是一段流逝了的时光。

★ 我急匆匆登上屋顶平台，去欣赏太阳落山。此刻，太阳已经西下，刺眼的光芒已经收敛，只在它的周围留有一圈金灿灿的光晕。金光映在河面上，河水金波粼粼，照在绿树上，绿叶亮光闪闪，村舍、禾苗都在忽闪忽闪地发着光。

★ 傍晚，太阳收敛起刺眼的光芒，变成一个金灿灿的光盘。那万里无云的天空，蓝蓝的，像一个明净的天湖。慢慢地，颜色越来越浓，像是湖

水在不断加深。远处巍峨的山峦，在夕阳的映照下，涂上了一层金黄色，显得格外瑰丽。过了一会儿，太阳笑红了圆脸，亲着山峦的头，向大地、天空喷出了红彤彤的色彩，这就是美丽的晚霞。太阳显示了自己的笑容，快活地一跳，消失在西山背后了。

★ 皎洁的月光装饰了春天的夜空，也装饰了大地。夜空像无边无际的透明的大海，安静、广阔而又神秘。繁密的星，如同海水里漾起的小火花，闪闪烁烁的，跳动着细小的光点。田野、村庄、树木，在幽静的睡眠里，披着银色的薄纱。山，隐隐约约，像云，又像海上的岛屿，仿佛为了召唤夜航的船只，不时地闪亮起一点两点火光。

好开头

◎ 秋天的黎明时分，四下里一片寂静，听不见一丝声响。向远处望去，只看见丝丝缕缕的乳白色薄雾，悄悄地从花草间漫到树木中，在家家户户的房顶上无声无息地流动着、翻滚着。深灰色的天幕上，几颗星星毫无表情地眨着眼睛。

◎ 晨曦徐徐拉开了夜的帷幕。又一幅绚丽的帷幕，又一个绚丽的早晨，带着清新降临在人间。

◎ 我总以为黄昏没什么好看的，但是那一次的黄昏景色却令我深深地陶醉了。我曾经欣赏过日出，但现在我觉得黄昏的美景比日出要绚丽得多。那是个傍晚，我坐在滨海公园轻轻摇晃的秋千上，静静地对着大海。

◎ 夜幕悄悄地来临了，像一层轻纱笼罩着大地。房间里很热，我到门前的大树下乘凉。美丽的夜景深深地吸引了我。

好结尾

* 夜渐渐地深了，这时风很够朋友，一阵一阵，极慷慨地送给大地，不时掀起人们的衣服和头发，轻抚着他们，把他们送入甜甜的梦乡。夜，静悄悄的，静悄悄的，充满魅力。

* 啊，清晨的景象这样迷人！我的脑海里闪过这样一个念头：这人生的少年和自然界的清晨一样，虽然短暂，但它们都是绚丽多姿、美妙动人的。

* 月色暗淡，星光稀疏，整个大地似乎都沉睡了过去。啊！春夜，令人陶醉……

春夏秋冬

好词

春色　春花　春华　春意　春潮　春水　春晖　春汛　立春　春日

炎热　酷暑　干热　灼热　盛夏　避暑　消暑　凉爽　纳凉　乘凉

秋霜　中秋　立秋　初秋　深秋　萧瑟　丰硕　丰收　秋收　金黄

冬日　冬眠　凛冽　寒风　冰雪　立冬　冷寂　冰霜　刺骨　凋零

热乎乎　热烘烘　三伏天　金灿灿　冷飕飕　冷冰冰　白茫茫

春暖花开　春光明媚　春意正浓　春日融融　阳春三月　万物复苏

万紫千红　百花齐放　花红柳绿　春意盎然　乍暖还寒　蓬勃生机

欣欣向荣　争奇斗艳　冬去春来　春回大地　春回地暖　百花争艳

鸟语花香　生机勃勃　莺歌燕舞　夏日炎炎　骄阳似火　烈日当空

闷热难当　炎炎盛夏　汗流浃背　烈日中天　汗水涔涔　秋高气爽

中秋佳节　落叶飘零　秋风送爽　五谷飘香　五谷丰登　秋雨绵绵

秋风萧瑟　天高云淡　秋风乍起　瓜果飘香　寒冬腊月　寒风呼啸

北风呼啸　鹅毛大雪　千里冰封　银装素裹　天寒地冻　寒气袭人

冰天雪地　寒风刺骨　漫天大雪　风雪交加　雪花飞舞　白雪皑皑

好句

☆ 我仿佛听到了春天的脚步声，燕子在呢喃，原野披上了绿色的新装，大地沐浴着春光。

☆ 北国的初春还带着寒意，残留着冬天的痕迹。

☆ 小燕子拖着剪刀似的尾巴，回到北方的家乡，它们叽叽喳喳地叫着，好像在说："春来了，春来了！"

☆ 夕阳西下，暮春结束在暮色中。夕阳微弱的光给天际染上金色，也给大地镀上了金色。这时，蓝色、白色、绿色以及各种花的颜色，与金色交织在一起，格外艳丽。

☆ 初夏，石榴花渐渐开放，绿叶衬红花，美丽极了。远望，它像一片烘烘燃烧的烈火，又像黄昏升起的红艳艳的晚霞。

☆ 盛夏，月季花像一个穿着粉红色衣裙的少女，在绿叶中翩翩起舞。牡丹花开得更旺了，她娇媚艳丽，香气扑鼻。那几棵老杨树也长满了绿叶，像一把撑开的绿绒大伞。

☆ 秋天是丰收的季节。无边的稻田里，稻子成熟了，放眼望去，目之所及，满眼是令人心醉的金色波浪，在阳光的照射下，越发光彩夺目，好像满地都是黄金。

☆ 深秋一到，寒霜袭来，那些在春夏盛开的花卉渐渐枯黄、凋落，菊花却傲霜怒放，为秋天肃杀冷落的气氛增添了无限生机。

☆ 浓黑的云像一团团破絮，倒悬在城市的上空，冷风呼啦啦扫动着满地的枯叶纸屑，更显出格外凄冷的景象。

☆ 冬天像一个小精灵，活泼地来到了这个大地上，她带来了寒风、雪花、冰……

☆ 凛冽的寒风卷着鹅毛大雪铺天盖地而来，顿时，长白山银装素裹，满头皆白。

好段

★春天来临，小河两岸的野花、枯草、杨柳，在河水的轻抚中，揉弄着黄眉绿眼，舒展着轻软的胳膊。当晨雾散尽、太阳升起的时候，阳光洒在河面上，露出一大片红色，真像是一位美丽少女脸上的红晕。渐渐地，河面镀上一层金光，微风吹拂，顿时，金缎被扯成无数块小片，在河面上荡着……再看看河中那密密麻麻的小鱼、嬉戏的鸭子，还有岸边漂浮的铜钱般大小的浮萍，这一切使小河春意浓浓、生机勃勃。

★盛夏的池塘，荷叶盛开得越来越大，似乎是一幅荷叶图。荷叶旁的红莲这时也探出了脑袋，你挨着我，我挨着你，相搭相错，绿绿的大荷叶中增添了几抹红，别具一格。鱼儿在池塘中欢快地跳跃，溅起一朵朵水花，他们摆动着尾巴，眼睛睁得大大的，你一言我一语，整个池塘中也增添了几分愉悦。这似乎让我看到了鲤鱼跃龙门和荷叶盛景图。

★田野里，成熟的稻子，颗粒饱满，随风起舞，飘散着醉人的芳香，翻腾着滚滚的金波，好像灿烂的彩霞洒落在田间地头。黄澄澄的谷子，被谷穗坠得直不起腰来，可它还是使劲地随风摇摆，好像是在为金色的田野唱着赞歌。

★突如其来的冷空气，令全城一夜之间披上一层厚厚的“棉衣”。植物也是一夜间布满晶莹的白霜，那是种晶体状的水汽，很漂亮，带着小绒毛。那些已见不到绿叶的树，没有了叶的点缀和陪伴，只能孤单地度过寒冷的冬天。

好开头

◎ 近了，近了，我听到了春的脚步声！来了，来了，又一个光彩夺目的春天姗姗地来了！

◎ 春天来了，小溪上的冰块慢慢地融化了，小鸟在枝头歌唱，好像在告诉我们春天来了。此时，正是“舟行碧波上，人在画中游”的大好时节。

◎ 秋天到了，一阵风吹过，路边的树便落下第一片叶子。它仿佛是秋姑娘的信使，告诉人们秋天到来了。

◎ 秋天虽然没有春天那欣欣向荣的勃勃生机，没有夏天那漫山遍野的郁郁葱葱，也没有冬天那冰雪世界的晶莹洁白，但它有自己独特的美！

好结尾

* 春来了，让我们张开双臂，尽情地拥抱这姹紫嫣红的春天吧！

* 春天把我们从沉睡的大地中拉出来，让这个世界再一次充满了生机和活力。

* 哦，夏天，你性格刚烈，易怒易躁。但在你的阳光雨露中，万物茁壮成长，生机勃勃，风光如画。我爱你——夏天。

* 冬天，你不像人们想象的那样无情、可怕；你不像春天的雷、夏天的雨、秋天的风那样喧哗。你是与众不同的，我爱你，爱你那独特的恬静之美！

* 冬天把世界变成了银白色。冬天，那青翠的松树和浓绿的冬青仍在这寒冷的季节里挺拔着，美丽的梅花在风霜中竞相开放，让整个世界充满了诗情画意。我爱冬天！

日月星辰

好词

朝阳　艳阳　夕阳　残阳　日食　金色

灿烂　耀眼　光明　落日　柔和　明月

弯月　满月　残月　皎洁　月牙　悬挂

暖烘烘　红彤彤　红艳艳　暖洋洋

黄澄澄　金灿灿　金闪闪　火辣辣

光芒万丈　冉冉升起　日上三竿

艳阳高照　光芒四射　阳光明媚

旭日东升　残阳似血　嫦娥奔月　众星捧月　皓月当空　月明星稀

星光灿烂　满天星斗　繁星点点　星罗棋布　斗转星移　群星闪烁

闪闪发光　星光闪闪　星光点点　疏星寥落　繁星密布

好句

☆ 太阳一到秋天，就将它的光芒全洒向人间。瞧，田野是金黄的，场地是金黄的，群山也是金黄的。

☆ 深秋的太阳像被罩上橘红色的灯罩，放射出柔和的光，照得人身上、脸上暖烘烘的。

☆ 疲倦的月亮躲进了云层休息，只留下几颗星星像是在放哨一样。

☆ 黑天绒似的夜幕上，十五的月亮犹如一只盛满白银的玉盘，那一闪一闪的星星，大概是从那玉盘中撒落下来的点点碎银。

☆ 一轮晶莹剔透的明月高挂在星空的画布下，它的光不像太阳那样强而有力，而是多了一分小鸟依人的柔美，少了一分豪放粗犷的热情。

☆ 点点繁星好似颗颗明珠，镶嵌在天幕下，闪闪地发着光。

☆ 童年时候，幼稚的我最喜欢数天上的星星，一颗、两颗、三颗……可总也数不清，我埋怨星星为什么总跟我捉迷藏。

☆ 天空中的星星又好像是一粒粒豆子。不知是哪个神仙把仙豆撒在了辽阔的天空，想等它们发芽结果。他们到底是神仙，把星星撒成各种形状，有“北极熊”“天鹅”“飞鹰”“天琴”等。

☆ 星星充满了感情，像顽皮的孩子，在稚气、执着地注视着人间，仿佛用那明亮的眸子讲述一个美丽动人的神话。

好段

★ 吃过晚饭，我兴致勃勃地来到阳台上看落日。太阳已经西斜了，失去了中午的威严。它变大了，变得没有光芒了，发出淡淡的温柔的红光，给一片片云披上了五颜六色的彩衣。天空的色彩在慢慢地变暗，太阳在晚霞的陪伴下，一步一步地向西山走去，小了一点儿，又小了一点儿，没过多长时间，太阳已经无影无踪了，不知谁给它披上了隐身衣，太阳不见了。

★ 太阳离开地平线了，红彤彤的，仿佛是一块光焰夺目的玛瑙盘，缓缓地向上移动。红日周围，霞光尽染无余。那轻舒漫卷的云朵，好似身着红装的少女，正在翩翩起舞。

★ 不一会儿，月亮羞答答地从云层里露了出来，在白云间翩翩起舞，那婀娜的舞姿，引得朵朵白云前呼后拥，争相伴舞。一阵微风吹过，身上觉得有点儿凉意，无意间我看到草上的一颗露珠，在流水一般的月光下闪闪发光。

★ 夜晚，晴朗的天空布满星星。我总爱仰望那诱人的星空。瞧，那无数的星星亮晶晶的，像一颗颗珍贵的宝石，那广阔的天空像一块巨大的屏幕。小星星时而如宝石镶嵌在蓝色的屏幕中，闪烁着淡淡的光；时而又如一只只小眼睛眨呀眨的，好奇地在大地上寻找着什么。

好开头

◎ 那是一个凉爽的夏夜，我躺在床上，透过玻璃窗，看见在那深蓝的天空中，有几颗黄灿灿的星星在闪闪发光，宛如钻石般耀眼。

◎ 海上的早晨是迷人的。那是两年前的一个春天，我随爸爸妈妈一起到宁波去，在乘船回上海的途中，我有幸领略了海上早晨的奇观——日出。

好结尾

* 啊，我爱这夏夜的星空，因为它是那么绚丽多彩，那么美丽动人，那么富有神秘感！

* 我多希望星星能带我飞到夜空中，让我坐到月亮上，依偎着月亮轻声歌唱……

* 有人说，落日代表着结束，落日也代表着死亡，而我却从落日中看到了希望，看到了怒放的生命。

* 流星，因为短暂而美丽。它划过黑寂的夜空，释放出的那一闪而逝的光亮，虽然微弱，却没有人能够忽视它的存在。

* 我永远难忘那海上的早晨，难忘那海上早晨的伟大奇观，我们不应该也像那喷薄而出、冉冉上升的红日一样，充满生机和活力吗？

风霜雨雪

好词

阵风　暴风　狂风　微风　飓风

台风　吹拂　徐徐　强劲　霜冻

寒霜　朝露　露珠　暴雨　阵雨

骤雨　淅淅　风雪　瑞雪　积雪

飘雪　雨雪　雪花　雪球　雪团

雪崩　雪人　雪堆　浓雾　薄雾

响雷　阵雷　惊雷　闷雷　雷霆

雷鸣　闪雷　滚雷

冷飕飕　龙卷风　穿堂风　黄梅雨　毛毛雨　及时雨　雷阵雨　雨蒙蒙

暴风雪　雨夹雪　鹅毛雪

和风拂面　寒风凌厉　风和日丽　风起云涌　风卷残云　秋风瑟瑟

春风荡漾　飞沙走石　微风吹拂　春风和煦　玉霜满地　寒霜逼人

银霜遍地　寒霜浸骨　霜降时节　垂露欲滴　细雨如丝　滂沱大雨

倾盆大雨　瓢泼大雨　雷雨交加　劈头盖脸　铺天盖地　哗哗啦啦

淅淅沥沥　滴滴答答　雪花飘飘　雪花飞舞　漫天风雪　鹅毛大雪

飘飘洒洒　银装素裹　纷纷扬扬　冰雪消融　冰天雪地　雾色朦胧

大雾蒙蒙　雷声大作　雷电交加　春雷滚滚　惊天动地　电闪雷鸣

晴天霹雳　电光熠熠　电光石火　久旱逢甘霖　好雨知时节

好句

☆ 一阵春风吹过，唤醒了万物，许多种子都悄悄地露出头来，探望这明媚的世界。

☆ 秋风，像把锋利的镰刀，从柳树梢上刮过，半绿半黄的树叶，唰唰飘落下来。

☆ 风轻轻地吹遍了田园，把花粉吹到远处；湖里的水，被风吹起了碧绿的波纹；湖边的垂柳，也被风吹得摇曳着青嫩的新枝。

☆ 只听见狂风刮着树木，像狼嚎似的呜呜直响，听起来阴森得吓人。

☆ 早晨，我拉开窗帘一看，咦！窗玻璃上结了厚厚的一层霜花。有的像小树，有的像丛生的小草，非常好看。

☆ 浓霜涂白了路上的枯草和落叶，田里结了冰，屋顶上、草垛上、塘边的南瓜棚子上、井上挑水的跳板上，都是白蒙蒙的。

☆ 到处是皑皑的冰雪，路边的树枝垂下来，像一根根水晶制的流苏。

☆ 早上下过一阵小雨，现在虽放晴了，路上还是很滑，两边地里的庄稼，给雨水冲刷得闪烁晶莹，空气里也带有一股清新湿润的香味儿。

☆ 毛毛雨，听名字就能想象，小小的，细细的，若有若无。

☆ 春雨，像牛毛，像花针，像细丝，密密地斜织着。

☆ 窗外下着蒙蒙细雨，滴滴小雨点，随意飘洒，好像在奏着一支小舞曲，我不禁被窗外的世界所吸引。

☆ 纷纷扬扬的雪花轻轻地飘，均匀地撒，把大地装扮成一个银装素裹的世界。

☆ 雪飘落在对面的屋顶上，屋顶像蒙了一条闪着银光的纱巾，美丽极了。雪飘落在树上，树上像缀满了银色的小花。雪飘落在操场上，操场变得像铺满棉花一样白茫茫的一片。

☆ 千万朵雪花像千万个小生灵一样轻盈地飞动着。

☆ 雪花像鹅毛，像柳絮，像蒲公英的种子，飘飘悠悠地落了下来，好一个粉妆玉砌的世界！

☆ 浓重的大雾弥漫在天地之间，好像从天上降下了一幅极厚而又极宽大的窗帘。我的视线全被雾挡住了，好像在空间里就只有眼前这么大。我们坐在汽车里，雾钻进车窗，在人们的身边、脚下缭绕。路边的树木只能看出个黑影子。

☆ 大街上，到处湿漉漉的，人们在雾中若隐若现，来来往往，远远地只能听见间断的脚步声，只有渐渐走向前才能看清楚。等转过身再看时，他们的背影已慢慢地走远了，仿佛进入缥缈的仙境一般……

☆ 突然，头顶的天空中一道耀眼的、惊人的闪光冲破了黑暗，把天幕划开了一条银蛇般的裂口，紧接着一声霹雳，震得地动山摇。

☆ 暴风雨正在外面疯狂地咆哮，迅疾的闪电用突然迸发的惨白光亮，一次又一次地照亮了整个房间，滚动的可怕的雷声像要把房屋震塌一样。

☆ 远处传来隆隆的闷雷声，像是有个巨大的石碾子滚了过来。闷雷如同排空的怒涛，由远而近、由弱而强地翻滚着过来了。一道闪光划破了整个天空，接着就是一声惊天动地的雷鸣。

好段

★ 秋风吹打得半黄半绿的叶子哗哗直响，好像在拍手叫好。这里还有几棵枫树呢，那本来碧绿的叶子被凉爽的秋风一吹就变红了。一阵秋风吹来，地上落满了红的、黄的、半黄半绿的叶子，好似给花园的小径铺上了一层地毯，美丽极了。

★ 家家户户的窗上布满了千姿百态、晶莹剔透的冰花，像雪峰，似蓬莱仙阁，如海市蜃楼，好看极了，让人百看不厌。不一会儿，太阳射出了金光，窗上的“雪峰”少了一角，“蓬莱仙阁”只剩一半，“海市蜃楼”没了底。草坪和树木也渐渐泛绿了，融化了的霜花淌在草片上，挂在叶尖上，像一颗颗晶莹的露珠把你带进了一个奇丽的世界！

★ 雨滴就像千万个伞兵，从空中跳下来，安全地降落在地面上。雨水连成千万条银线，随风摆动，仿佛全世界都笼罩在雨的帷幔中。远处那高大的建筑物，如同隔了一层无边的珠帘，似明似暗，隐隐约约。突然间，雨停了，伞兵们都不见了，却见天空中出现了一道彩虹，好像一座七色桥。

★ 大雾把整个世界严严实实地笼罩着。人们好像被托起了身体，悬在半空中，如同进入仙境，产生种种神秘的幻觉……雾一会儿分散，一会儿聚拢，一会儿徐徐升腾，一会儿滚滚向前。马路上到处灰蒙蒙的。平时白天，汽车是不用开灯行驶的，今天却不同了，车灯不约而同地亮着，到处都闪烁着橘红色的光。

★ 下午，天边响起了雷声，轰隆隆，轰隆隆，响彻云霄，仿佛有人在粗暴地吼叫。突然，一道闪电划破天幕，灰蓝的天裂开了一个大口子，这时，雨下起来了，滴滴答答，敲打着窗户，冲洗着尘埃。风呼呼地吹，狂奔，满世界地狂奔，摇着树枝荡秋千，欢乐地大笑。

★ 下午，天一阵暗，一阵亮，云像一片飞沙在空中浮动。一阵风过去，天暗起来了。天边呈现出像长龙似的亮晶晶的闪电，随后便是隆的一声。闪电越闪越亮，雷声越打越响。不一会儿，黑云滚滚，遮住了半边天。

好开头

◎ 风，总是神神秘秘，行踪莫测，它的出现有时会给人们带来无穷的快乐，有时也会给人添乱，让人哭笑不得。

◎ 我喜欢雪，每到冬天，我总是盼望着早些下雪，那雪一下起来，飘飘洒洒，整个大地就好像变成一个粉妆玉砌的世界。

◎ “忽如一夜春风来，千树万树梨花开。”冬天，我们最盼望的就是下雪。下雪之前，天空一片铅色。也不知何时，雪花也不跟我们打个招呼，就悄无声息地飘起来了。

◎ 春天的风叫“和风”，夏天的风叫“熏风”，秋天的风叫“金风”，冬天的风叫“朔风”，虽然它们都是风，可脾性却完全不同。

好结尾

◎ 过了一会儿，雾小了，大地脱下厚厚的雾衣，披上轻柔的薄纱。一些大树也羞涩地露出粗壮的枝干，柔和的太阳光渐渐地洒下来。然后，花儿红的、黄的、白的……一朵朵地露出笑脸。这一切，构成了一幅美丽的水粉画。我被这大自然的美景吸引了，陶醉了……

◎ 融雪的日子是最冷的。一定是雪舍不得离开，所以才在冬日的阳光下无声地哭泣，哭得那原本洁白柔软的躯体变得透明而坚硬。但它们注定要与我们告别……哦，可爱的雪呀，别伤心，让我们相约在明年吧！

◎ 春雨连绵不断，夏雨来势汹汹，秋雨悲喜交集，冬雨冰凉刺骨。这就是四季的雨，如一曲优美的歌。

云霞彩虹

好词

云海　云端　云团　云彩
云雾　云层　祥云　残云
彩云　洁白　霞光　朝霞
彩霞　红霞　瑰丽　长虹
绮丽　飘浮　金黄　嫣红
殷红　鹅黄　莹白　缤纷
变幻　斑斓　翻动　缭绕
弥漫

乌云压城　阴云密布　乌云翻滚　云雾迷蒙　黑云压城　浓云蔽日
拨云见日　飘荡不定　晚霞如血　朝霞辉映　丹霞似锦　朱霞烂漫

好句

☆ 蔚蓝的天空，看不到大雁北飞的身影，只有一堆堆舒卷的白云，像悠悠的历史风烟，在诉说人类的沧桑巨变。

☆ 霞光的范围慢慢地缩小，颜色也逐渐变浅了，紫红变成了深红，深红变成了粉红，又由粉红变成了淡红，最后终于消失了。

☆ 夕阳染红了西边的天空。一片片晚霞，倒映在清澈如镜的小河里，像开了一大朵一大朵的鸡冠花。

☆ 忽然，在天边出现了一道红霞，红霞的范围慢慢扩大，一秒、两秒……顿时，红霞染红了西边的天空。

☆ 彩虹像一道五彩缤纷的拱桥，横跨在峰林之中，一直插进那幽深的山谷。

☆ 天空架起了一座七色的拱桥，它在空中划出一道长长的弧线。

好段

★ 这正是黄昏时，太阳在地平线上摇摇欲坠，云好大一块，长长的，灰灰的，但不像下雨前的那样。云，在那边好久好久，我眼中看到的似乎它一直没有动摇，只是在那儿等着太阳下山。云被光照得红红的，但可不像是给火烧了那样的红，只是微微的罢了，那种颜色，是染料上没有的颜色，我觉得它是我见过的最温和的颜色，看着它，虽然现在天气是热，可是我感到的是温暖。云是黄昏时的主角，太阳便是配角。云的美，让我感到了黄昏的美，而云的美，却是太阳给予的。

★ 那霞光，起初只是在暗蓝色的天幕上，掀开了一条金色的裂缝，这些裂缝越来越大。霞光中，鸟雀鸣啭，鱼群如云；霞光中，露珠晶莹，绿叶滴翠，花苞儿含笑；霞光中，鸡鸭扑翅，牛羊撒欢，炊烟袅袅……

好开头

◎ 云无声地为我们演绎着许多惊险曲折的童话故事，引人入迷。它一年四季各具风采，每时每刻千姿百态，似乎有无穷无尽的美让人欣赏。

好结尾

* 啊，梦幻般的云雾，每天你都给大家带来惊喜和快乐！

* 啊，多美啊！多有趣啊！我真希望自己也能变成一片洁白的云，在那无边无际的天空中，与同伴自由自在地漫游！

* 晚霞不仅能报告天气情况，而且能带给我们美的享受，我真喜欢晚霞。

锦绣河山 ★★★★

高山峡谷

好词

险峻　屹立　突兀　高耸　峭立
挺立　盘旋　逶迤　蜿蜒　盘踞
连绵　山林　山涧　起伏　丘陵
挺拔　险峰　奇峰　耸立　巍峨
葱郁　壮美　幽深　陡峭
荒山野岭　崇山峻岭　峰回路转
一柱擎天　层峦叠嶂　绚丽多姿
山峰林立　清逸秀丽　山水相连　依山傍水　巍然屹立　山势险峻
石峰如林　高峻雄伟　群山巍峨　高山之巅　逶迤连绵　群山环抱
峰峦起伏　拔地而起　蔚为壮观　高低起伏　鬼斧神工　浑然天成

好句

☆ 桂林的山真奇啊！一座座拔地而起，各不相连，像老人，像巨象，像骆驼，奇峰罗列，形态万千。

☆ 当红日从万山丛中冉冉升起，万道霞光染红天空的时候，那银白色的雪山，好像少女点上胭脂的面颊，显得格外娇艳。

☆ 两边的高山峻峭挺拔，中间的峡谷杂树丛生，颇像现代化城市里摩天大楼之间的街巷。

☆ 深长的峡谷黑森森的，仿佛受到惊吓的巨怪张开的大口。

☆ 夜色像野猫悄悄从山梁上滑下来，把所有的声音一节节装进峡谷，峡谷便打起鼾声。

☆ 山谷两旁，峰峦陡立，峥嵘险峻，仰首只见一线弯曲的蓝天，偶尔有几只山鹰掠过，也小得跟蜻蜓似的。

好段

★ 太阳刚刚从东边升起。透过晨曦，我仿佛看到群山像披着绿色大衣的骆驼纵队。它们缓缓前进，一座接一座，真像竖起的驼峰，又像骆驼昂起的头。那三座连在一起的被白而浓的雾环绕着的大山，就像动画片里的仙山一样，亦真亦幻；那一条条盘曲而上的小路，犹如白花蛇，正向上蹿呢！

★ 峡谷里百花盛开齐争艳，红的似火，粉的像霞，白的如雪。古木参天，直入天际。野草翠绿，蜜蜂萦绕。鸟儿更是激动得扬起歌声。蝴蝶成群结队在树木花丛间、山石溪水畔翩翩起舞，犹如片片彩霞在空中飘动，又如七彩轻纱飘落下来。这里环境十分清幽，气候温暖如春。

好开头

◎ 作为一个山东人，不能亲临五岳之首——泰山，真是一件憾事。我向往泰山，但一直没有机会去。今年暑假，爸爸妈妈总算答应了我，让我到住在泰山脚下的三舅那里去度假。

◎ 我家乡的茫茫大山虽然不像华山那样危峰兀立，也不如黄山那样瑰丽雄奇，可它却像一条蛟龙，围绕着我的家乡，忠实地守卫着县城。

好结尾

* 黄山啊黄山，你美丽奇妙，雄伟壮观，我深深地爱上了你。我希望能有机会，再一次来欣赏你雄伟壮丽的风姿。

* 天台山不愧是邛崃一朵花，它以自己的美装扮着邛崃，点缀着邛崃。

江河湖海

好词

喧腾　喧闹　咆哮　急流　澎湃

洪流　汹涌　湍急　激流　浊浪

湖光潋滟　水势浩渺　万顷烟波

水天相连　湖面浩瀚　江涛拍岸

江中倒影　大江奔流　大江小河　河水粼粼　河流纵横　大河奔腾

碧波浩渺　碧波荡漾　湖色碧绿　湖水清澈　湖光波影　湖平如镜

好句

☆ 江水汹涌奔泻下来，如箭离弦，如马脱缰，如猛虎出山，大声吼叫着直冲下去。

☆ 漓江的水真是名不虚传，清澈得像透明的水晶，一眼即可看到水中鱼儿游动的身影。

☆ 江面上卷起了汹涌的波涛，发出砰砰的响声，雪白的浪花，猛烈地扑打着泥褐色的堤岸。

☆ 河底的鹅卵石，绯红色的像玛瑙，白色的像鸽子蛋，金色的闪着夺目的光彩。

☆ 咚的一声，一颗小石子掉进了路旁的小河里，翻起一层层绿色的涟漪，向四周荡开去，像姑娘们穿着的皱褶的绿色衣裙。

☆ 湖是活的，层层波浪随风而起，伴着跳跃的阳光，伴着我的心，在追逐，在嬉戏。

☆ 湖是静的，宛如明镜一般，清晰地映出蓝蓝的天、白白的云、红红的花、碧绿的树。

☆ 湖水像新泡的绿茶一样清嫩可爱，绿得发出令人欢快的光，微风一吹，荡起轻轻的涟漪。

☆ 海洋像巨大无比的锅里的水，仿佛不是风掀动了波浪，而是锅底下有人在添加燃料，使得水沸腾起来。

☆ 海浪冲散了沙石，却带来了美丽的贝壳，孩子们欢笑着捡起贝壳，身后，留下了一串串脚印……

好段

★ 江面上笼罩着大雾，细细柔柔，如纱如烟，时隐时现的断桥（旧桥）和后建的连通中朝两国的长桥，如同银河悄卧在朦胧的月色中，江上的游船好像一位位仙子在逍遥戏水。临近中午时分，雾渐渐散去，此时的鸭绿江揭去那朦胧的面纱，露出它秀美宁静的真面目，温柔如深情而纯洁的少女。鸭绿江联系着中朝两国人民，它虽不像大海那么宽广，不像天空那么辽阔，但它承载着一衣带水的两国人民的深情。

★ 春天，被冻了一个冬天的小河终于自由了。它欢快地流淌着“哗啦啦，哗啦啦”，像是在歌唱春天，旁边的野花野草和它绘成了一道别有情趣的风景画。这就是春天的小河，欢乐的小河。

★ 青海湖，它蓝似海洋，可比海洋蓝得纯正；它蓝似天空，可比天空蓝得深沉；它蓝似宝石，可比宝石蓝得恬静。青海湖的蓝，蓝得纯净，

蓝得深邃，也蓝得温柔恬雅。那蓝锦缎似的湖面上，起伏着一层微微的涟漪，像是小姑娘那水灵灵、蓝晶晶的眸子。

★ 海面上，银涛万顷，浮光跳跃。这时，正值夜潮泛涨，一个接着一个的波浪轻盈地漫上沙滩，又轻盈地退了回去。那一阵一阵细碎的沙沙声，是那么柔和，那么细絮，那么甜蜜，像是一首以最纤细轻柔的指尖在竖琴上拨奏的最美妙轻柔的夜曲。不！这是任何最美妙的音乐也无法比拟的，它，就是海韵。

★ 海水是那么湛蓝，那海水不像有的地方的海水蓝得混浊，而是蓝得深湛，仿佛一块晶莹的蓝宝石，又仿佛一块刚烫过的厚蓝布，整齐地铺在那里。一朵朵浪花就像一个个顽皮的小孩子，在海里跳跃着，欢呼着。灿烂的阳光为浪花披上了金装，犹如天上的仙女用来装扮大海的金块。白天的海是文静的，海面上碧波万顷，没有丝毫大风大浪的痕迹，就像一位羞涩的少女。踩着那柔软的白沙，漫步在海边，听着海的歌唱，闻着海的气息，看着大海安详地向无边无际的远处舒展着那浩瀚、伟大的胸怀，就像沉在梦中一样，那么惬意，那么舒服。

好开头

◎ 春风吹到小河边，河水开始缓缓地向前流着，河边的树木发芽了，小草也从地里钻出来，远远看去，一片碧绿。河水清澈见底，蓝天白云倒映在小河里，小河里像盛开了朵朵的白莲，春天的小河边变得多姿多彩。

好结尾

* 家乡的小河，你是我幸福的乐园！我愿化作一滴水，永远伴随在你身旁。

* 我爱大海！是它给了我力量，是它给了我灵感，是它给了我宽广的胸怀！

* 这次游览已过去许多天了，但西湖美丽的景色还不时地浮现在我的眼前。我想，如果我是一位画家，我就会用画笔将这西湖的美丽景色画下来，那该多好啊！

溪泉瀑潭

好词

直泻　飞溅　倒泻　悬挂　垂挂　轰鸣　飞流　奔泻　倾泻　清冽

涓涓　潺潺　叮咚　呼啸　涌出　甘甜　流淌　涟漪　映照　沸腾

一池碧水　溪流蜿蜒　溪流萦绕　溪水清澈　溪水淙淙　涓涓细流

泉水叮咚　泉水四溢　飞珠溅玉　飞流直下　奔腾而下　飞流直坠

水花四溅　一潭死水　珠帘倒挂　一泻千尺　轰鸣如雷　雄伟壮观

好句

☆ 从幽深如鞘的山谷中，流出一条条蜿蜒的溪，好像几条从山谷中飞腾出来的蛟龙。

☆ 细雨如丝，小溪乐了，脸上泛起了酒窝儿，荡起笑的涟漪。

☆ 小溪就像大山的脉搏，它流泻的就是大山的心歌；小溪就像一个文静的姑娘，在山石间缠绵地流连。

☆ 山泉，从岩石顶端倾泻而下，犹如一匹白练；山泉，从石隙中汩汩地喷涌而出，仿佛一朵朵水仙。

☆ 泉水还是那么静，静得让你感觉不到它在流动；泉水还是那么清，清得可以看到泉底的沙石；泉水还是那么绿，绿得仿佛是一块无瑕的翡翠。

☆ 从飞瀑中喷溅出来的小水珠细如烟尘，弥漫于空气之中，成了蒙蒙水雾，给山涧的林木披上了一层薄薄的轻纱。

☆ 瀑布的水真喧闹啊！从上面泻下来的水与潭中的水相汇合的时候，发出噼啪的响声，压过了人们

的欢笑声。

☆ 洞口面对的是一个碧绿的深潭，水面平静得连一点儿皱纹也没有，像是谁在岩洞边遗下了一面镜子。

☆ 树荫下，有一口深潭，墨绿的潭水似一缸陈酒，随着习习的凉风而轻轻摇晃，泛起粼粼绿光。

☆ 山下的水潭虽然不很大，但深不见底，碧绿碧绿的潭水像琼浆玉液一般。

好段

★ 一阵微风吹过，镜子一般的水面波动起来。鱼儿成群结队地游到水面，张大嘴呼吸着新鲜空气，偶尔也有跃出水面的鱼儿，翻个身又落入水中，激起一圈圈的波纹，使水中的倒影晃成一片。

★ 小溪流是恬静的。它总是那样静静地、缓缓地流淌着，流淌着。偶尔，它也会溅起一朵朵小小的浪花，但仍然是静静的、缓缓的。它不像那种爱捣蛋的小男孩儿，乱蹦乱跳，也不像那种爱说话的小女孩儿，叽叽喳喳。噢，它是一个文静怕羞的小姑娘，见了我们正不好意思呢！

★ 两股清澈见底的山泉，或高或低，时缓时急，发出不同的音响，一会儿如铁马奔驰，一会儿如雷声大作。特别是山泉汇流处的中心，有块状如牛形的巨石，黑黝黝发亮，虎生生逼人，泉水撞击，水花四溅，抛玉掷金之声连绵

不绝，听来十分悦耳。

★ 从陡峭的山路下来，远远就听见瀑水“由天而降”拍打着岩石发出的巨响，犹如万马奔腾，声势浩大，又如千鼓齐鸣，震耳欲聋。但一眼望去，瀑水既像春天空中的游丝，又像一缕缕飘舞的轻纱。还未走近，衣服就已被水珠溅湿。在这白昼晴天，瀑布奔泻像风像雨，飘落似帘，轻柔曼妙。

★ 九丈高的瀑布呼啸着跌碎在清水潭里，绿尾巴的水鸟在飞溅的浪花里打着回旋。这是休息的好地方了，在青石板上坐下看那水潭的颜色吧，从上望由浅绿、淡蓝到深蓝，层次分得很清楚，最下面的就黑得透明，像一块正在凝结的玉，澄清而看不到底。

好开头

◎ 我是一条美丽的小溪流，名字叫“精灵溪”。我的名字是这样来的，每到夏天的晚上，许多酷似精灵的小朋友就会到我的怀里洗澡。

◎ 我的家乡有一条小溪，溪水清清的、凉凉的，它还会随着季节的不同而变换颜色呢！所以，我给它取了一个好听的名字，叫“变色溪”。

◎ 黄果树瀑布起于贵州西部高原的白水河，是我国有名的大瀑布，也是世界著名的大瀑布之一。它吸引了中外不少的学者和游客。

好结尾

* 这时，太阳已西下，但我还是恋恋不舍，不觉又回到泉湖边，望着美丽的泉水，又想起了古代英勇善战、为保卫祖国而献身的将士们……

* 家乡这条美丽的山溪，伴我从幼时到今天，它还将伴我走过明天。啊，山溪，人间的仙境，我的乐园！

* 眺望远方，田野、村庄、小河、山峦显得小多了，美不胜收。我想，总有一天我们这“神仙洞”会声名远扬，许多人会到我们这狮子口来观光游览。

* 到天边泛起了一丝丝红霞，我才和爸爸妈妈离开了黑虎泉。美丽的黑虎泉，我愿变成一股泉水，流淌在你的身边；我愿化作一只小船，荡漾在你的身边。

* 我好像融入了这魅力无穷的泉水中……

原野沙漠

好词

草原　荒原　荒野　旷野　荒漠

广袤　广阔　沙丘　沙漠　沉寂

无边无垠　一马平川　无边无际

漫无边际　一望无垠　大漠孤烟

绵延千里　平川旷野　人迹罕至

荒无人烟　飞沙走石

好句

☆ 列车在原野上行进着，铁路两旁的庄稼一望无际，绿油油的，就像一片绿色的海洋。

☆ 那白的如雪，粉的像霞，红的似火，黄的胜金，整个草原像是一座五彩缤纷的大花园，惹得蝴蝶、蜜蜂在百花丛中狂歌乱舞。

☆ 雨后的草原野花竞放，像一块刚浸过水的花头巾，连露珠儿也都是五颜六色的了！

☆ 平时乖得像猫一样的骆驼，一见到绿洲就发疯似的撒开蹄子猛冲，脑袋一下扎进了水里。

好段

★ 中华民族起源于黄河流域，在当时人类活动的半径，再也找不出一块比关中平原更为优越的形胜之地。渭水横贯，土地肥美，成为十三个王朝建都的首选，周秦创制，汉唐拓疆，奠定了中华大地的规模与根基，使华夏民族由此生生不息。

★ 这就是草原吗？我趴在越野吉普的车窗前呆望着眼前这一片绿色的海洋，犹如置身于乘风破浪的远航海轮上一般。汽车驶过的草原向两边分开，又在车身后合拢。一望无际的清新碧绿、密密层层的柔嫩牧草，平展地延伸着。那星星点点的雪白的蒙古包就像大海上扬起的白帆，炊烟袅袅，蕴含着无限的生命力。

★ 这次，我看到了草原。那里的天比别处的天更可爱，空气是那么新鲜，天空是那么明朗，使我总想高歌一曲，表示我的愉快。在天底下，一碧千里，而并不茫茫。四面都有小丘，平地是绿的，小丘也是绿的。羊群一会儿上了小丘，一会儿又下来，走在哪里都像给无边的绿毯绣上了白色的大花。那些小丘的线条是那么柔美，就像没骨画那样，只用绿色渲染，没有用笔勾勒，于是，到处翠色欲流，轻轻流入云际。这种境界，既使人惊叹，又叫人舒服，既愿久立四望，又想坐下低吟一首奇丽的小诗。在这境界里，连骏马与大牛有时候静立不动，好像回味着草原的无限乐趣。（老舍《内蒙风光》）

★ 在这个城市与沙漠相连的沙漠上，绿洲与黄沙相伴，飞鸟伴驼铃起舞，极高气温与正常温度仅一步之遥，十分独特，沙漠的沙丘轮廓清晰、层次分明，丘脊线平滑流畅，迎风面沙坡似水，背风面流沙如泻。在大漠深处的沙山之巅，可静观绚丽的大漠日出，目睹夕阳染沙的景色。在沙漠的北缘，可见一条清澈见底的小河，流水潺潺，沿着沙漠蜿蜒西去。在小河两岸，随处可见柳树苍翠、杨树挺拔，盘根错节，状若盘龙，美丽极了。

好开头

◎ 每当我来到一碧千里的草原，就会感到心旷神怡。我尤其喜爱七月的草原，因为这时的草原草盛花美，生机勃勃。

◎ 八月中秋，当第一场雪降临草原的时候，大自然便告诉我们，草原的冬天来了。

◎ 春天，我踏上这江淮平原。绿油油的麦田，在春风中微微滚动着绿波；碎金似的油菜花撒在这绿波上，像绿地毯上织进的金色花朵。

好结尾

* 啊，万马奔腾，使人雄心勃勃；牛羊成群，让人感到祥和、舒适；悠扬、清脆的歌声，更像杯杯好酒，使人听了如痴如醉。我爱大草原的春天。

* 夕阳斜斜地照在沙漠上，比画美，比梦真，那是一种无法描绘的壮美。啊，这梦幻、奇妙的沙漠啊！

* 那一片原野的美是说也说不尽，道也道不完的。自然所赋予它的是一种独一无二的美，更是一种不拘一格的美。

美丽城乡 ★★★★

都市万象

好词

钢城　花城　山城　泉城　新城

钢都　首都　古城　煤都　瓷都

名不虚传　视野开阔　城市交通

城市规划　城市面貌　政治中心

经济中心　文化中心　交通枢纽

交通中心　航运中心　商业基地

商品繁多　人声嘈杂　人口密集

人山人海　人如潮涌　文化古城

千年古都　海滨城市　秀丽名城

气势雄伟　商店林立　光怪陆离

好句

☆ 当我凭栏俯瞰的时候，眼前豁然开朗，美丽的敖东城尽收眼底：整整齐齐的高楼大厦，车水马龙的十字街头，工整的厂房，林立的烟囱……

☆ 登上小渔山顶上插入云霄的观赏阁最高处俯瞰青岛市容，就会望见整个青岛是一片红中夹着灰的颜色，就像从阴雨中露出的晚霞。

☆ 一盏盏乳白色的大吊灯像日月星辰般明亮。

☆ 霓虹灯不停地闪烁，变换着麦穗、大豆、花生和各种水果的图案，象征着一派劳动丰收的景象。

☆ 入夜，街道上灯火通明，来往的汽车如织如梭。

☆ 下班的人潮，川流不息的路人，车水马龙的街道，风驰电掣的摩托车，谱成了一首紧张而刺激的“惊愕交响乐”。

好段

★ 我们走出宾馆，漫步在街头。大街上，车水马龙，人来人往，欢声笑语不绝于耳。大路两旁高楼林立，高楼上悬挂的五彩缤纷的霓虹灯闪闪烁烁，仿佛给这些建筑物披上了五彩壮锦。夏夜的城市、千姿百态的建筑、色彩斑斓的霓虹灯，给人以朦朦胧胧的感觉，使人仿佛置身于光怪陆离的迷宫，再加上悠扬的乐曲和甜美的歌声，简直让我们如饮醇酒一般地醉了，不知该怎样挪动脚步，不知道走向何方……

★ 今天一早，我和妈妈一起去全市最热闹、货品最齐全的超市买东西。一走进超市，新年的音乐就让我感到充满了节日的气氛，那琳琅满目的商品让我眼花缭乱。瞧！那各式各样、颜色各异的货品吸引了众多顾客流连忘返。

好词、好句、好开头、好结尾

★ 这座小桥是小镇的交通要地，要进龙江镇的人和车，都必须经过小桥。每到赶集的日子，桥上的人来来往往，热闹非凡。春天，女人们在桥下洗衣服，孩子们就在桥上玩耍，水中的大白鹅悠闲地浮在水面上；夏天，男孩子们在桥下游泳，女孩子们则趴在桥栏上看书；秋天，小桥朦朦胧胧地笼罩在秋雨中，好像一幅美丽的水墨画；冬天，小桥是盼望亲人回来的地方，人们在桥头等待着从远方回来过春节团圆的家人。

好开头

◎ 我的家乡洛阳，它是洛河以北的一座古城。虽然五六年没有回去了，但家乡那绿色的田野，那铺满鲜花的山坡，儿时在姥姥家的生活……至今仍留在我的记忆中。

◎ 我生在北京，长在北京，北京就是我的家乡。我爱家乡唱腔优美的京戏，我爱家乡令人陶醉的风光，我爱家乡风味独特的豆汁、焦圈、艾窝窝，我更爱家乡繁华美丽的夜景。

好结尾

* 我真为北京有这样美丽的大街而感到自豪，我爱美丽的王府井大街！

* 同学们，城市是我们的家。为了我们每个人共有的家，为了城市面貌可以焕然一新，让我们携手一起努力吧！

乡村景物

好词

山野　花台　宁静　和谐　轻舒　秀丽　偏僻　幽静　闲适　麦香

房前屋后　蔬菜瓜果　猪羊满圈　坑坑洼洼　阡陌交错　山环水绕

山清水秀　五谷丰登　鸡鸣狗吠　鱼米之乡　林深树高　麦浪翻滚

雪松翠竹　阡陌纵横　依山傍水　沃野千里　一缕青烟　风光秀丽

野草遍地　缕缕炊烟　良田万顷　错落有致　青山环抱

好句

☆ 一片片村舍，像古铜色的鸟巢，盘结在山梁的手掌上。一座座村庄，像熟透的西瓜，散落在青藤般的山道旁。

☆ 站在半山腰上向村子望去，一座座低矮的小茅屋，像雨后钻出地面的一朵朵小蘑菇，散落在山坳里。

☆ 我的乡亲们是最朴实最勤劳的，在夏天那火炉似的太阳烧烤着大地时，乡亲们扔下家中的悠闲生活，帮不在家中的乡亲干农活，大家过着“日出而作，日落而息”“守望相助”的太平生活。

☆ 大风过去后，集市上的幌子、小摊与行人，仿佛都被风卷走了，全不见了，只剩下柳枝随风狂舞着。

☆ 田野里，金黄的油菜花夹杂在绿油油的麦田里，组成了一幅幅美丽的春色画卷，使人赞叹不已。

☆ 夜晚，田野里亮起一盏电灯，朦胧的灯光照射着大地，偶尔有人走过，就更增添了诗情画意，走过去的人，简直成了“画中人”了。

好段

★ 湖波荡漾，波纹溢起我欢乐的歌声，在清澈的湖面上，荡起我的笑颜。一条小溪，贯通了村庄，灌溉了我的心灵。水，清澈到透明，清澈到可以俯视到欢乐的鱼儿，可以窥视到虾儿的“钳子舞”。溪儿吟着一首潺潺的歌，越过山地，翻过丘陵，携着欢乐，带着美好，来到我的村落。

★ 纯朴的民风，传统的建筑，潺潺的流水，最原始的交通工具……古色古香是乌镇所具备的特质。这时天空下起了绵绵的小雨，丝丝的雨丝随风飞扬，“雨、水、桥、家”构成了这幅美丽、静谧的画面，构成了这美好的令人向往的江南水乡。

★ 秋天的田野真美啊！我喜爱秋天的田野。金黄金黄的田野无边无际，一格一格的。一阵秋风吹过，稻田里的稻谷摆动着身子，好像起伏的海面。人们在田里收割那金黄的稻谷，可开心了。一群小鸡在割完稻谷的田里跑来跑去，好像在玩捉迷藏的游戏。奶奶家门前的那块稻田中间有一个池塘，里面的水是干旱时用来浇稻田的，许多鸭子在上面游水，水下面还有小鱼呢！

好开头

◎ 在离我家屋后不远处有一条清澈的小河。碧绿的河面在金色阳光的照射下，显得波光粼粼。小河两旁绿树成荫，树影婆娑，那些花花草草随风摇曳，令人赏心悦目，恋恋不舍。小河里成群的小白鹅排成一列，欢快地游来游去。岸边三三两两的人们一边洗衣服一边聊天；夏天到来时，伙伴们在水边嬉戏，打水仗。小河就是我们快乐的天堂。

◎ 我的家乡是一个风光秀美的山村。村子四周都是蜿蜒起伏的青山，从远处看，青山好像一个马鞍子，有人管它叫“马鞍山”，又有人说它像老鹰的翅膀，又叫它“鹰膀子山”，它那奇特的形状真让人感到有点神秘。

好结尾

* 古塔，故乡的古塔，你是古代人民智慧和血汗的结晶，几百年来狂风刮不倒，暴雨淋不塌，巨雷轰不垮，你巍然屹立，永世长存。我爱你，巍然屹立的古塔。

* 一阵微风吹过，小草轻轻摆动腰肢，水面荡起一道道波纹，这里凉爽又舒适。我的家乡多么美丽啊！我爱我美丽的家乡。

* 我爱乡村，爱它的树木成林，爱它的野花斗艳，爱它的流水潺潺，爱它的麦田片片，爱它的鱼儿跳跃，爱它的蜻蜓点水，爱它的蝴蝶飞舞，更爱它的人心善良。

✱一天匆匆地过去了，夕阳将整个山沟染得金碧辉煌。劳作一天的农民，带着收获，带着喜悦，回到温馨的家中。小沟里流水淙淙，山林中鸟儿歌唱，组成了一支美妙的交响乐，歌唱着山区美好的前景。

校园风光

好词

校舍　草坪　劳动　听讲　做操　班会　升旗　喧闹　欢乐　玩耍

跑步　平坦　端正　鲜艳　宁静　喧哗

生机勃勃　茁壮成长　生机盎然　三五成群　林荫小道　书声琅琅

欢声笑语　你追我赶　环境幽雅　步伐整齐　宽敞明亮　歌声嘹亮

焕然一新　郁郁葱葱　团结友爱　冉冉升起　三三两两

好句

☆ 校园里有迷人的四季：桃红柳绿的春天，花繁叶茂的夏天，枫红菊香的秋天，松青雪白的冬天。

☆ 周围是那么宁静，薄薄的晨雾，如轻纱笼罩着校园，雄伟壮观的教学楼，隐没在淡淡的晨雾中，整个校园的黎明是那么温馨而幽美。

☆ 一阵阵欢笑声，从操场上隐隐约约地传来，傍晚的校园，显得既宁静又充满勃勃的生气。

好段

★ 夕阳西下时的校园，有着一种不可抗拒的美丽。那是一种祥和安静，那是一种蓬勃生机。绯红的夕阳照在湖面上，静得没有声息，绿色的水草点缀着，摆动着，偶有微风，就激起了阵阵涟漪。鱼儿们在水中尽情畅游，是否也为这校园喝彩？

★ 我们可爱的校园里，有一个荷花池。如果没有它，校园定会失去一半的美。走过通道，走下几层台阶就来到了美丽的荷花池。它是椭圆形的，长约六米，宽约四米，阳光照上去闪闪发亮，像一块碧绿发光的宝石。在这里看完它，你定会分不清是天上还是在人间！

好开头

◎ 我们的校园坐落在碧绿的梧桐山下、鸟语花香的海山公园西侧。校门口的墙上，镶嵌着一块金光闪闪的校牌。

◎ 校园的竹林，它在我心里有着很高的地位。提起竹子，它的竿，它的叶，都清晰地浮现在我眼前。

◎ 美丽的校园，它已经伴随了我六年的时光，让我学到丰富的知识，给我带来无穷的快乐。

◎ 北京的十月秋高气爽，蔚蓝的天空飘着几朵白云。在习习的秋风中，我来到了北京大学校园观赏秋色。

◎ 春姑娘来了。她送走冬天的冷气，带着温暖的阳光，步入我们的校园。她用那双灵巧的手把校园装饰得犹如天堂一般，美不胜收。

◎ 我们的校园，每个季节都很美。春天鲜花盛开，夏天绿树成荫，秋天红叶似火，冬天白雪一片。让我们一起走进美丽的校园，观赏这动人的风景吧！

好结尾

* 无论春夏秋冬，无论严寒酷暑，竹子始终那么苍翠挺拔，给校园增添了一份盎然的生机与活力。

* 春暖花开，夏日当空，秋色宜人，冬雪飘零，多么迷人的校园四季风光啊！

* 秋天的校园是我们的乐园。秋天是凉爽的，让人感到非常舒服。下课了，同学们都喜欢跑出教室到操场上玩耍，大家在一起尽情地做着各种游戏，校园里充满我们的欢声笑语。

* 我们的学校是一个四季如春、充满朝气的绿色小学，已经被评为市级绿色校园了。希望我们的校园更加美丽，更加生机勃勃。

* 我爱我们的校园，它是我们可爱的家园，是我们快乐的源泉！

* 时间过得真快，东方已露出了鱼肚白，不一会儿，太阳公公就露出了笑脸。一瞬间，冬姐姐已悄然而退。这时，校园是如此温馨，如此迷人。啊！我真希望永远与这冬天的校园为伴。

名胜游览 ★★★★

风景名胜

好词

山林　俏丽　高耸　陡峭　嶙峋　变幻　直立　怪石　古松　云雾

山明水秀　奇峰耸立　青山绿水　直插云霄　云雾缭绕　气势磅礴

千山一碧　巍峨壮丽　悬崖峭壁　连绵起伏　千峰竞秀　高山流水

烟波浩渺　水平如镜　湖光山色　水天一色　涓涓细流　水波粼粼

好句

☆ 一条酷似巨蟒的石蛇直冲云霄，势不可当，高百来米，峰顶好像蛇头，仿佛正要向我们冲来一般。

☆ 刚到阳春三月，河水就解冻了，清澈见底的河水，缓缓地向南流着，犹如弹奏着一曲曲动听的音乐。

☆ 太阳光照在粼粼的湖水上面，闪耀着金光，就像无数的鱼儿在一刹那间一齐翻来覆去。

好段

★ 水，那么灵动清丽，令人神往遐思；水，那么雄浑澎湃，充满了无限激情。有时人称柔情似水，有时又说咆哮奔腾，这就是水的个性。瀑布的壮丽，波涛的汹涌，泉水的叮咚，小河的潺潺，日夜永恒。

好开头

◎ 九寨沟是一个中外驰名的自然风景区。九寨沟秀峰挺立，山谷幽静，湖泊棋布，河道纵横，道道瀑布点缀其间，是个景物奇异、风光秀丽的佳境，有“人间仙境”“九寨风光胜桂林”的美称。

◎ 朋友，你到过庐山吗？庐山秀丽的风景一定给你留下过美好的印象。你最喜欢的也许是“险峰”，也许是“花径”，也许是“仙人洞”，而我最喜欢的却是庐山的云雾。你听了也许会发笑，云雾谁没见过，不就是迷蒙的一片吗？不，我所见到的庐山云雾却是别具一格的。

◎ 桂林山水的优美天下皆知，黄果树瀑布的壮观众所周知，但贵阳花溪水库天生桥的奇特风景却鲜为人知。借着秋游的机会，我们随着清新的晨曲，来到了这可爱的地方。

好结尾

* 夕阳红着脸儿，慢慢地西沉了，天空中的浮云化作片片美丽的晚霞，此刻乐山奇景我们已尽收眼底。我为祖国有如此光辉灿烂的历史和众多的名胜古迹而感到骄傲和自豪！等我们这一代少年长大以后，一定要把家乡、把祖国的大好河山建设得更加美好。

* 踏上归途，又望见了川流不息的伊水，它仍在哗哗地流淌着，好像在憧憬着未来，又仿佛在说："朋友们，努力学习，将来为祖国建设出成千上万驰名中外的现代化'龙门'吧！"

亭台楼阁

好词

高耸　耸立　林立　古朴　修缮

挺立　别致　牢固　高大　陈列

装饰别致　造型美观　图案精美

美观大方　雕工精细　参差错落

气势雄浑　错落有致　红墙绿瓦

亭台楼阁　飞檐流阁　玉宇琼楼

精雕细刻　玲珑别致　小巧玲珑

风雨剥蚀　简练古朴　雕梁画栋

好句

☆ 周围有四十九根大红柱，正面墙上有一幅高九米、宽六米的陶瓷巨型壁画，画着一位鹤发童颜的仙人，银须飘洒，乘着白鹤，横吹玉笛，俯视人间，似有恋恋不舍之意。

☆ 我曾听妈妈说过，这种建筑手法在中国古代园林建筑中被称为“障景法”，带给人一种先抑后扬、“柳暗花明又一村”的美好感觉。

☆ 亭台楼阁，池馆水榭，映在青松翠柏之中；假山怪石，花坛盆景，藤萝翠竹，点缀其间。

好段

★ 亭子，是我国古典园林建筑中十分常见的一种景点建筑。仅在颐和园内，就有各式亭子四十多个。它们有单檐、重檐之分，还有四方、六角、八角、圆形等多种形式。这些亭子有的建在湖畔，有的隐于林间，有的浮于水上，有的立于山巅，有的夹在廊中，有的位于桥头。它们把这些美丽的湖光山色点缀得更加娇艳、动人。

好开头

◎ 沧浪亭别具一格，它荟萃了苏州诸园林的风格，它的精巧建筑吸引了许多中外游客。今天，我信步来到这个历史名园游览。

◎ 在绍兴的保佑桥附近有一座古老、朴素、庄严的建筑，它前门临街，黑色的门墙，四扇乌黑的大门两边各有一个石雕的花窗，屋檐与屋顶的建筑和普通的民居一样，并没有什么奇特之处，那就是从前称为“百岁堂”的周总理祖居。在康熙三十七年（1698 年），周懋章之妻活到一百岁，有人上奏，被赐软旌一方，“百岁堂”的名字就由此而来。

好结尾

* 登上五楼，凭窗下望，秀美的东湖宛如一块无瑕的碧玉嵌在江汉平原上，晴川历历，芳草萋萋，好一幅难用笔墨描绘的图画！

＊我们漫游于人流中，观赏着祠内的一泉一阁、一草一木，吸吮着花草芳香，使我心旷神怡。晋祠的山水、富丽堂皇的建筑和那许许多多动人的传说，将为后人所传诵。

文物古迹

好词

古老　御苑　壮观　雄伟　青翠　缅怀　气魄　雅致　宫阙　巍峨

古朴典雅　蜿蜒盘旋　巧夺天工　栩栩如生　连绵起伏　云雾缭绕

驰名中外　巍然屹立　身临其境　深山古刹　曲径幽深　工艺精美

残垣断壁　钟声悠扬　别具一格　气势雄浑　闻名遐迩　闻名于世

好句

☆长城像一条巨龙，越沙漠，穿草原，盘旋在高山之上、黄河岸旁和渤海之滨。

☆东起山海关，西至嘉峪关，跨群山，穿莽原，横瀚海，这就是连绵万余里的长城。

☆大经堂的屋顶

别具一格，各式各样的古钟，玲珑别致的宝塔以及巧夺天工的法轮、金鹿等，把大经堂装饰得富丽堂皇而又富于宗教气氛。

☆ 这间漆黑的破庙，连窗子都没有，老鼠吱吱地叫，眼睛像鬼火，十分吓人。

☆ 大殿内尘封土积，蛛网纵横，塑像也残缺不全，壁画因受风霜的侵袭，也已色彩斑驳、模糊不清了。

☆ 梁柱上都是油漆彩画，有展翅欲飞的凤凰，有张牙舞爪的金龙，有花鸟虫鱼，有山水风景，真是五彩缤纷！

好段

★ 龙泉寺位于崇信县的东北角，它一年四季景色优美，风景如画。夏天，树木郁郁葱葱，远远望去，龙泉寺就像穿上了一件绿色的上衣。太阳晒得人们纷纷打着遮阳伞，可是龙泉寺这儿一点儿也不热。人们坐在山上的亭子里，喝着用龙泉水泡的香茶，听着鸟儿歌唱，美极了！山上还有香甜可口的水果，在这儿游玩就像在仙境似的。

★ 我们走出后门，拾级而上，来到了无梁殿。一进门，觉得空荡荡的，殿很大，可容纳一两千人。因为是无梁殿，大家都抬头看着那又高又大的屋顶，果然没有一根梁，全是一块一块的弓形木条拼成的，一条连一条，一层卡住一层，互相牵制，互相依托，形成了一个整体。整个建筑找不到一根铁钉子。我想：这么大的屋顶，这么重的分量，用那么小、那么多的小木块拼搭起来形成屋顶，而且千年不倒，这是多么稀罕的事啊！

★ 如此雄伟壮观的东城墙下，围绕着一条约十米的护城河，河水一片深蓝，像一条蓝色的绸带飘浮在城墙之外。在河面上，位于主城门的前面，横跨着一座又宽又结实的吊桥，吊桥的两面是用胳膊一样粗细的绳子，结成网状的桥栏。桥面上的游人来来往往、络绎不绝。

好开头

◎ 我的家乡在那古今闻名的荆州古城。这里不仅有宛如盘龙的古城墙、红墙绿瓦的古建筑，而且还有其他很多久负盛名的古迹。在这众多的历史文物古迹中，最为壮观的还是那耸立在长江之滨，号称“长江中游头号镇江宝物”的金山寺。

◎ 星期天，春光明媚，太阳照在身上暖洋洋的。爸爸和我陪着从新疆回来的李娜姐姐乘车去浏览钟祥的显陵。

◎ 在离杭州西湖不远的地方，有一座历史悠久、香火鼎盛的祠庙，它就是岳王庙。

◎ 早就听说潮州的千年古刹——开元寺气势雄伟、规模宏大，如今亲临其境，真是大开眼界啊！

◎ 人们都说："故宫是我国乃至全世界保存得最完善、历史最悠久、最宏伟的一座宫殿。"我们乘着车来到天安门广场附近，来观赏雄伟的故宫。

好结尾

＊故宫优美的景色和雄伟的建筑举世闻名，它是我国古代劳动人民智慧和才能的结晶。我真喜爱这处名胜古迹！

＊这样雄伟的故宫，这样精致的陈设，虽然没有水、电、气供应，但世人都为它别具一格的特色而不远千里前来观赏，在这样的环境中，你似乎已

经穿越时空，回到几百年前，见到了古人，闻到了古人的气息。

* 离开慈寿塔，我们又观赏了栩栩如生的“水漫金山”泥塑展览，还游览了白龙洞。傍晚时分，我们依依不舍地告别了雄伟的慈寿塔，告别了金山。

* 走出灵应寺，回头看去，只见这里青山环抱，流水潺潺，好一幅山清水秀的美景图哇，难怪每年从各地前来游览的人络绎不绝呢！

第四章 状物篇

飞禽走兽

花草树木

水果蔬菜

动物

飞禽走兽

好词

轻盈　翩翩　矫捷　机敏　威风　优雅　敏捷

轻快　高傲　温顺　灵活　机警　可爱　聪慧

伶俐　从容　轻灵　威武　温和　敏锐　傲慢

活泼　高贵　强健　矫健　狡黠　稀少　端庄

圆滚滚　油光光　胖墩墩　恶狠狠　毛茸茸

闹哄哄　血淋淋　嘎嘎叫

群鸟归巢　百鸟争鸣　百鸟齐鸣　鸟语花香　群鸟归林　杜鹃啼血

孔雀开屏　杜鹃啼春　鹦鹉学舌　春燕回巢　孤雁悲鸣　百鸟朝凤

飞禽走兽　昂首阔步　血盆大口　庞然大物　虎视眈眈　如虎添翼

摇摇摆摆　自由自在　晃晃悠悠　成群结队　争先恐后　引吭高歌

羽翼未丰　鸭行鹅步　大模大样　鸡争鹅斗　大摇大摆　摇摇晃晃

憨头憨脑　灰不溜秋　圆头圆脑　金爪红冠　鸡鸭成群　破壳而出

好句

☆ 啄木鸟拍拍翅膀飞到松树上，轻捷地伸出爪子抓住树干，并用尾羽撑住身子，好像坐在小椅子上，“笃笃笃”，尖尖的嘴巴啄了几下，就把树里的小虫子捉出来了。

☆ 瓦蓝瓦蓝的天空中，海鸟一群群地飞来，好像是一朵朵飘浮着的白云，它们舒展着雪白雪白的翅膀，正超低空飞行着，看上去像是在寻找食物。

☆ 一只白海豚跃出海面，在半空中画出了一条优美的弧线，然后又钻进水中，它一边在海轮前面游着，一边不断地跃出水面，不停地向船上张望，仿佛在暗示着什么。

☆ 秋天的溪水清澈透亮，活泼地流动着，许多小虾用脚攀着一根草，在水里游荡，有时又弓着身子轻轻一弹，好像很快乐。

☆ 小鸭子脚趾间有层很薄的脚蹼，浮水时两蹼轻轻向后这么一蹬，就可以像小汽艇一样稳稳地游动了。

☆ 小牛犊有时会非常真诚地望着你，它的两只眼睛圆溜溜的，闪着光，非常明亮，就像黑夜里的两盏灯。

好段

★ 燕子小巧玲珑，精力充沛，其翅膀尖长，尾巴分叉如剪刀，飞行迅速。它们的上体是乌蓝色的，下体为白色。它们通常将巢筑于人的房檐之下，雌雄双方轮番噙泥建巢，出出进进，行色匆匆，没有谁嫌弃它，人们都不想伤害这种生灵。微风细雨中，它们张着翅膀，却不拍打，仿佛是沿着一条神秘的线路在滑动，于是空中就有了自由流泻的黑色的点。在蒙蒙的雨中，它们喜欢并排待在电线上面休息，那些小水滴使它们的羽毛更加光滑，更加剔透。

★ 小松鼠长着粉红色的小嘴，一双亮晶晶的眼睛，脸上有几条褐色的条纹，像戏台上的花脸。它的两只前爪除了跑和准备袭击敌人以外，几乎时刻不离嘴边，磨磨牙、擦擦嘴，也随时准备抓住人们送给它的食物。如果不仔细看，它的两只后爪几乎找不出来。身子后面拖着一条又长又粗，而且有些大得出奇的尾巴。

★ 我有一只小花猫，它的头像老虎一样，身上穿着虎皮似的毛大衣，毛皮滑得像搽过油似的，样子很神气。它四肢灵活，行动敏捷，每只脚下有五个像钢钩一样的爪子，爪子非常坚硬、锋利，抓起老鼠来可真行。

还有一双蓝蓝的大眼睛，像颗蓝宝石，在夜间可以把屋子里每一个角落看得一清二楚，再加上一条毛茸茸的尾巴，翘得高高的，嗨！那样子甭提有多威武了！

好开头

◎ 阳光透过树叶洒在郊区小路上，一只麻雀悄悄地在草丛里觅食。不远处，几只兔子正追逐嬉戏着，它们灵活的身手和敏锐的直觉使它们在郊外的生存竞争中占得先机。

◎ 游客们涌入动物园，第一眼看到的就是那些体形巨大的长颈鹿，它们优雅地在围场里踱着步子，时不时地低头啃食草料。孩子们目不转睛地盯着长颈鹿，被它们高大帅气的身姿所折服。

好结尾

＊ 我们因动物们的生命状态而感受到自然的神奇，这是一次探索之旅。让我们带着谦逊与热情，继续认识这神秘的生命世界吧！

＊ 光阴飞逝，我们仅窥探冰山一角。希望我们能持续探索，深入理解动物奥秘，与它们友好共存。

＊ 动物们或强健，或轻盈，各有特色。我们应当珍视这样多姿多彩的生命存在形态，保护我们共同的家园。

＊ 三只鹅的身后拖起三条长长的水纹，又像三只风筝，在空中飘摇，真希望那风筝的线就在我的手中。水面时而泛起一阵阵微波，构成了一幅十分美丽动人的画面，小池子也变得有生机了……

植物

花草树木

好词

甜香　暗香　芳香　醇香　清香

幽香　淡香　浓香　紫红　初开

盛开　怒放　绽放　吐蕊　凋零

飘落　凋落　萎谢　挺拔　繁茂

簇拥　舒展　娇艳　鲜艳　洁白

秀丽　艳丽　绚丽　浓郁　芬芳

凋谢　粉红　绯红　婀娜　馥郁

瑰丽　娇嫩　馨香　枯败　雪白

朱红　摇曳　嫣红　草绿　翠绿　嫩草　蓬勃　新绿　挺立　苍郁

苍劲　苍翠　茂盛　繁茂　青翠　倒垂　粗壮　葱茏　繁盛　茁壮

浓密　修长　顽强　颀长　残枝　新芽　参天

一朵朵　一缕缕　一片片　一团团　一瓣瓣　一枝枝　一束束　一撮撮

一丝丝　一丛丛　黄灿灿

傲然挺立	枯草如丝	绿草如茵	奇花异卉	百花吐艳	群芳吐艳
百花飘香	百花凋谢	百花齐放	百花争艳	百花争春	百花凋零
花团锦簇	花影摇曳	花香醉人	奇花异草	春花烂漫	繁花似锦
姹紫嫣红	吐香喷艳	落英缤纷	香气袭人	芳香怡人	芬芳扑鼻
清香四溢	幽香醉人	绚丽夺目	红艳欲滴	艳如红霞	艳压群芳
娇艳多姿	纷纷飘落	溢彩流光	一枝独秀	色彩斑斓	傲然怒放
春兰秋菊	新枝吐蕾	桂花飘香	竞相开放	蓓蕾初绽	傲骨迎雪
含苞待放	百花吐蕊	花香四溢	沁人心脾	花红似火	群芳斗艳
绿草如毡	山花烂漫	草木欣荣	芳草萋萋	古木参天	葱绿苍翠
顶天立地	娇嫩青翠	风扫残叶	枯枝败叶	枝叶繁茂	挺拔苍劲
杨柳含烟	欣欣向荣	郁郁葱葱	万木萌发	遮天蔽日	枝条摇曳
生机盎然	树林幽静	耸入云天	林木葱茏	林海茫茫	林海苍茫
青翠欲滴	青松翠柏	枯藤老树	俊秀挺拔	盘曲多姿	垂柳依依

好句

☆ 果实在树枝上摇晃着，仿佛在向人们招手，邀请人们品尝它们的甜美。它们有着各自的味道和营养，为人们提供了一份份丰富的礼物。

☆ 花儿们在阳光下绽放着笑容，仿佛在向人们诉说着春天的故事。

☆ 绿色的树木像一把把巨大的伞，为人们遮风挡雨。它们有着各自的形态和特点，构成了一幅幅壮观的画面。

☆ 雪花在空中飘落，给树木披上了银白色的外衣。它们有着各自的形状和美感，创造了一种种神奇的效果。

☆ 桃花开得正艳，像一团团火焰，在春风中燃烧。它们散发出淡淡的香气，让人心情舒畅。

☆ 绿树成荫，给夏日带来了清凉。它们摇曳着枝叶，发出沙沙的声音，让人感到安静。

☆ 果实累累，给秋天增添了丰收。它们挂满了树枝，闪烁着光泽，让人眼前一亮。

☆ 那棵古槐树已立于此几百年了，粗壮浑圆的树干象征着不屈的精神，茂密如盖的枝叶向天空伸展开来，为路人提供片刻清凉。

☆ 牡丹花的花瓣层层叠叠，娇艳欲滴，犹如一位美丽的舞女手持红绸翩翩起舞，热烈奔放的生命力在阳光下散发出迷人的光彩。

☆ 当微风吹拂，石榴树上的嫩绿小叶轻轻摇曳，发出簌簌声响，枝头鲜艳欲滴的红花在阳光下散发莹莹光泽，为院落增添生机。

☆ 窗外那棵高大的杨树随风轻轻摇曳，阳光从树叶间滤下来，在地上洒下一片斑驳的光影，犹如一位慈祥的长者用目光守望着这个家。

☆ 翠绿的竹林在山坡缓缓蔓延，随风而舞的竹叶发出簌簌声响，挺拔的竹竿在岁月的雕琢下散发出禅意，给人一种返璞归真的宁静。

☆ 粉嫩的桃花在树梢绽放，一簇簇花朵似裹着粉红薄纱，轻轻摇曳着，枝头还垂下一只只嫩黄的小蜜蜂，充满春天的气息。

☆ 银杏树的金黄色叶片在秋风中飞舞下坠，犹如一场奢华的黄金雪，铺满小径，踩上去发出簌簌脆响，美丽的景色美不胜收。

☆ 庭院里粉白相间的海棠花含苞待放，在晨曦中显得朦胧迷离，花瓣上还残留着晨露，如梦如幻，让人如痴如醉。

☆ 高大挺拔的松树顶着白雪伫立，粗壮的树干和深绿的针叶展现出坚强的生命力，用坚韧抵御严冬的狂风骤雪。

好段

★ 粉色的桃花在阳光下闪耀着晶莹的光泽，娇嫩欲滴的花朵之间散发出淡淡的香气。微风吹过，灵动的花朵仿佛在跟我打招呼，让我的心都为这馨香盈袖的场景荡漾起来。

★ 行道树两旁的紫藤花开得正艳，细长的花瓣层层叠叠，从淡紫到深紫颜色渐变。随风摇曳的花朵犹如精灵的裙摆翩翩起舞，空气中弥漫着淡淡的香气，美不胜收。这眼前仙境般的景色，让疲惫的心灵获得平和。

★ 映入眼帘的首先是一大片金黄色的油菜花田，密密的小花在微风中轻轻摇曳，宛若起伏的海洋。这些小小的花朵，汇集成一片生机勃勃的黄，为农村冬日平添无限温暖和希望。

★ 树上垂下的柳枝如柔软的绸缎，在微风中轻轻摆动。柳絮随风飘飞，仿佛天使的羽毛洒向人间，覆盖大地。这柔美的景色穿透人的心扉，带来一缕清新的快意。

★ 梅花傲然绽放，粉白的花朵在枝头怒放。这娇小的花朵用自己初春的芬芳熨平了寒冬最后的霜冻，勇敢地告别了过去的阴霾，用清新迎接希望。

★ 葱茏的竹林在晨曦中泛起一层朦胧的轻纱，随风摇曳的竹叶发出沙沙之声，宛若竹林在奏响清趣的乐章。这静谧的景色让人顿觉烦忧全无，获得一丝禅意。

★ 院子里的杜鹃花盛开着，粉红、紫红的花朵争奇斗艳，犹如层层叠叠的彩云停歇在枝头。这些娇嫩的花朵散发出沁人的香气，仿佛能洗涤人们的心灵。

★ 郁郁葱葱的松柏林用坚韧抵御着寒风的侵袭，挺拔的枝干和青绿的针叶展现出向上的生命力。这团团松柏像忠诚的卫士，守护着大地，也守护着人们的精神家园。

★ 花园里有一棵桃树，每年春天都开满了粉红色的花朵。桃花像一朵朵云彩，轻盈地摇曳在枝头。桃花的香味淡淡的，让人心旷神怡。桃树下有一张木凳，上面放着一本诗集和一杯茶。有时候，我会坐在那里，读诗品茶，欣赏桃花的美景。

★ 冬天，雪花飞舞，银装素裹。松树披上了白色的棉袄，梅花傲然绽放在寒风中，竹子挺着绿色的身子不屈不挠，冬青点缀着红色的果实。小溪结了一层厚厚的冰，上面刻着各种各样的图案。孩子们在雪地里玩耍着，堆雪人、打雪仗、滑冰橇。

好开头

◎ 当春意渐浓，马鞭草开始在草地里抽条开花的时候，我知道又一年的春天即将到来。那些细长柔软的小花朵，犹如童心未泯的少女，为大地增添了无限活力。

◎ 我最喜欢的花园里，种着颜色各异的花朵。当一阵微风吹过，芬芳便会扑鼻而来。那些娇艳欲滴的花朵，总是能带给我无限的精神愉悦。

◎ 当我漫步在公园的小路上，最先映入眼帘的是成排参天的木棉树。粉红色的花朵盛开在树冠，犹如一团团饱满的云朵。这美丽的景色，总能让我的心灵获得安宁。

◎ 冬日的暖阳洒在纷飞的黄花上，金黄的景象满目都是。这盛开的油菜花田，为白茫茫的冬天平添了一抹热烈的生机。

◎ 每到春暖花开的时候，我最喜欢去公园赏花。粉红色的樱花如雨点般飞洒，白色的梨花轻盈如云，把公园装点得分外美丽动人。

好结尾

* 院落里的花草树木交相辉映，构成了一个美丽的小天地。我仿佛置身其中，置身花的海洋，获得心灵的洗涤和升华。这片绿野仙踪，是我心中永恒的乡愁。

* 湖边的垂柳随风摇曳，柔美的景色令我流连忘返。这天然的风景画卷蕴含大自然的智慧，让我感受到生命之树永远充满希望。

✱ 郁郁葱葱的松林用它挺拔的枝干守护大地，用坚韧的意志经受风雪侵袭。这片绿色长城永远铭记在我的心间，激励我拥有不屈的精神。

✱ 望着院子里盛开的牡丹，我的心沉醉在这妖娆的视觉盛宴中。这些热烈奔放的红色花朵，让我感受到生命绚丽多彩的力量。

✱ 赏花的这几天，犹如进入了花的海洋，五颜六色的花朵绽放着诗意。这美不胜收的景象将永远留存在我的记忆长廊，成为我内心永恒的风景。

✱ 粉白的梅花在寒风中挺拔地绽放，用它的清香驱走了冬日的萧瑟。我仿佛看到了春天即将来临的希望，生命会在磨难中绽放出迷人的色彩。

水果蔬菜

好词

圆圆　尖尖　扁扁　滚圆　酸甜　甘甜　芬芳　清香　光泽　苦涩

甘美　香甜　诱人　鲜美　脆甜　熟透　多汁　可口　清口　松脆

火辣辣　绿油油　一串串　圆滚滚　沉甸甸　一簇簇　红殷殷　香喷喷

甜滋滋　脆生生　甜丝丝　红彤彤　红灯笼　黄澄澄

鲜嫩欲滴　皮绿瓤红　瓜熟蒂落　硕果累累　果肥汁甜　果香四溢

果甜瓜香　又酸又甜　鲜红油亮　密密匝匝　酸甜可口　晶莹可口

冰凉爽口　甘甜鲜美　甘甜多汁　个大皮薄　瓜嫩皮薄　枇杷泛金

香甜无比　津津有味　清爽可口　又大又圆　清脆爽口　鲜嫩水灵

好句

☆ 缀满枝头的青翠欲滴的葡萄犹如一粒粒晶莹的绿宝石，带着诱人的香甜，引来一群小蜜蜂前来品尝那甘美的汁水，为葡萄架平添生机。

☆ 田野里金灿灿的油菜花随风摇曳，为寒冷的冬日平添了一抹热烈的生机，成片绽放的黄色小花朵漫山遍野，宛如一张灿烂的画卷铺展开来。

☆ 枇杷树上的果实泛着诱人的金黄，分量十足的大枇杷挂满了树枝，香甜的果肉中透着点点酸意，散发着夏日果园独有的芬芳。

☆ 庭院里的番茄藏匿在葱郁的绿叶后面，好似害羞的少女掩着娇嫩的容颜，等着阳光的吻将它们熟透，散发出甘甜多汁的风味。

☆ 菜园里的白菜们排排坐，绿油油的叶子层层叠叠，晶莹的白菜头蕴含着清脆爽口的口感，等待着收获的那一刻到来。

☆ 红彤彤的番茄挂满了架子，散发着诱人的甜香，日晒雨淋过后，番茄皮薄如纸，咬下去汁水四溢，甘甜可口。

☆ 绿油油的芥菜丛里，粉嫩的小花在微风中轻轻摇曳，预示着青绿可口的小芥菜即将茁壮成长，为菜园增添生机。

☆ 菜市场里五颜六色的蔬菜散发着青翠的气息，粉红的萝卜，洁白的莴笋，翠绿的菠菜，层层叠叠，为寒冬增添了一抹暖色。

☆ 红艳艳的辣椒挂在架子上，散发着热烈的光泽，紧实得如同小石子，一口下去辛辣感立即弥漫，让人大吃一惊。

☆ 青皮的山竹密密层叠堆放在摊上，散发出清新的香气，内里的果肉晶莹剔透，一口下去，酸酸甜甜的汁水迸发在口中。

好段

★ 这皱皱巴巴的人参，就像一个老者的面容，沧桑而透着智慧。它那参差的根须，仿佛老人头发的银丝；它蜿蜒曲折的身躯，浓缩了大自然的生命精华。这人参的奇形怪状，让人不禁想到长生不老的传说。一棵人参，一段传奇。

★ 辣椒先生身穿红装，霸气地站在架子上。他的红装色泽艳丽，与他泛红的双颊相得益彰。他紧紧抿着嘴，一副不苟言笑的样子。但他的辛辣个性，正是让大家喜爱的独特之处。一口下去，辣椒先生的风味立刻弥漫，让你大吃一惊。

★ 菜园里绿油油的青菜，在晨曦下洗涤着清新的叶片。有圆叶的、叶边皱皱的、长长羽毛状的，形态各异，还有形单影只的小白菜，怯生生地伸出白头，和邻居们诉说着成长的故事。各色青菜密密匝匝地排坐，叽叽喳喳地聊着天，等待收获的那一天。

★ 枇杷树上金灿灿的果实，在夕阳下熠熠生辉，满树灿烂如火树银花。每颗枇杷像一个沉甸甸的橘色灯笼，光滑的果皮包裹着晶莹的果肉。树上的果实轻轻摇晃，发出沙沙的响声，如同奏起动听的乐曲。

好开头

◎ 当秋日的暖阳透过树叶间隙，洒向沉甸甸的果实时，我知道金秋丰收的季节又一次来临了。树上的果实散发着诱人的芬芳，金黄、火红的颜色点缀着枝头，为整个果园平添了生机。这丰硕的景象，不仅预示着果农们一年辛勤的回报，也让我对接下来的收获季充满了期待。

◎ 炎炎夏日，太阳的火辣让人心生烦躁，这时最能解暑开胃的，就是一份冰镇西瓜。切开青绿色的西瓜皮，里面是粉红色的瓜肉，冰凉而甘甜的汁水能够瞬间消暑解渴。西瓜的果肉晶莹剔透，散发着清新耐人寻味的芳香，每一口下去都能带来满足感。

◎ 当我第一次走进农贸市场，五颜六色的蔬果摊立刻吸引了我的目光。红艳艳的番茄，青翠欲滴的白菜，紫色的茄子……新鲜的蔬果散发着诱人的气息，等待着品尝它们的人。站在这片蔬果海洋里，丰富的色彩和芬芳让我不禁感到心旷神怡、食指大动。

◎ 当暑热退却，天高气爽的时候，我们的菜园也迎来了丰收的好季节。各色青菜破土而出，散发着生机勃勃的气息。绿油油的叶片在微风中轻轻摇曳，菜行里的白菜、青菜、菠菜一个个笑脸对着阳光。站在菜园里，青翠的芬芳扑面而来，预示着一场味蕾的盛宴即将上演。

◎ 果园里，沉甸甸的果实在树上轻轻摇晃，时不时有几只小鸟掠过来品尝那甘甜多汁的果肉。阳光透过树叶间的缝隙，给果实涂上一层灿烂的金黄。空气中弥漫着果实特有的芳香，让人如痴如醉。这明媚的景象，预示着丰收的季节即将来临。

好结尾

* 这金灿灿的丰收季节，不仅是大自然的馈赠，也蕴含着农民们一整年的辛勤付出。面对这硕果累累的景象，我由衷地为他们感到开心。

* 一口甘甜清凉的西瓜消除了盛夏的燥热感，这简单的味道也让人体会

到生活中的小确幸。我想紧紧抓住这闲适时光，与大自然相伴。

* 菜园里生机盎然的景象，预示着丰硕的收获即将到来。我衷心期盼丰收的季节早日到来，让我们共享大自然的馈赠。

* 这农贸市场五彩缤纷的蔬果海洋，是大自然馈赠给我们的一个食物宝库。我想珍惜每一种蔬果，感谢农民的辛勤付出。

* 果园里金灿灿的景色，如同大自然送给人们的礼物。我会爱惜每一份丰收的果实，感激大自然的馈赠。